hänssler

Siegfried Kettling

1937 geboren in Werdohl (Westfalen),
beheimatet in EC und Landeskirchlicher Gemeinschaft
Studium der Theologie in Münster
Inspektor am Ev. Predigerseminar für Vikare in Soest
Studienleiter am Tagungshaus des MBK in Bad Salzuflen
und Dozent am dortigen Seminar
seit 1974 Dozent für NT, Dogmatik,
Kirchengeschichte und Griechisch
an der Ev. Missionsschule in Unterweissach
verheiratet, drei Söhne (von denen
der älteste 1986 tödlich verunglückte)

SIEGFRIED KETTLING

Unter Gottes Regenbogen

Zeichen Gottes für eine neue Welt

Textnachweis:
Alle Texte sind aus der Zeitschrift *Entscheidung*, Berlin, entnommen.

Wunder der Nacht, Nr. 108/1981
Alles vollbracht, Nr. 140/1987
Ich sage die Wahrheit, Nr. 182/1994
Das Pfingstkreuz, Kettling
Der ganze Mensch war voll Gesang, Nr. 170/1992
Leben Sie schon? Nr. 98/1980
Trotz dem alten Drachen, Nr. 191/1995
Steh auf! Nr. 149/1988
In Gottes Hand tätowiert, Nr. 111/1982
Er streckt seine Hand aus, Nr. 180/1993
Jesu Kreuz, nicht Kains Axt, Nr. 183/1994
Eros – der Vagabund, Nr. 131/1985
Er ist nicht tot, er lebt! Nr. 167/1991
Gottes ewiges Geheimnis
Dann werden wir durchsichtig, Nr. 153/1989

S. 13
Wer warst du, Herr, vor dieser Nacht
Text: Jochen Klepper
© Verlag Merseburger, Kassel

Bildnachweis:

Seite 44
Pfingstkreuz von Karl Hemmeter
© by Bildverlag Arthur L. Traut, Welzheim

Seite 110
Roland Peter Litzenburger: »Herr hilf,
ich ertrinke« Tinte und Tusche 1952

Seite 158
Bild Tobias Michael: Dynamis
Rechte beim Urheber
Eigentümer: Evangelistenschule Johanneum, Wuppertal
Photograph: Albrecht Arnold Dettingen

Die Deutsche Bibliothek – CIP-Einheitsaufnahme

Kettling, Siegfried:
Unter Gottes Regenbogen : Zeichen Gottes für eine neue Welt /
Siegfried Kettling. – Neuhausen/Stuttgart : Hänssler, 1996
(TELOS-Bücher ; 7732 : TELOS-Taschenbuch)
ISBN 3-7751-2628-7
NE: GT

TELOS-Taschenbuch
Bestell-Nr. 77.732

Umschlaggestaltung: Martina Schmidt
Satz: AbSatz Ewert-Mohr, Klein Nordende
Printed in Germany

Inhalt

Ewigkeit

Helmut Wenzelmann,
dem Achtzigjährigen

Vorwort

Regenbogenfarben

Kürzlich standen meine Frau und ich hoch über dem Tal bei der alten Wurmlinger Kapelle (Ludwig Uhland hat sie in einem Gedicht besungen, das einst nicht nur schwäbische Kinder auswendig lernten: »Droben stehet die Kapelle / schauet still ins Tal hinab ...«). Um sie herum legt sich ein alter Kirchhof, von einer Mauer umfriedet. Wir mußten zu unserm Bedauern den Regenschirm öffnen: eine dunkle Wetterfront baute sich auf. Doch da brach die Sonne durch, und – ein unvergeßlicher Anblick – hoch über dem Bergrücken, der nach Tübingen führt, spannte sich von Tal zu Tal ein Regenbogen, wie wir ihn in solcher Weite und Leuchtkraft wohl noch nie sahen. Seltsam: wenn Sonnenlicht auf dunkle Regenflut trifft, dann blühen – intensiv strahlend und transparent zugleich – alle Spektralfarben auf. Zeichen Gottes wird dieser Regenbogen im Alten Testament (am Ende des Sintflutgerichts) genannt. Das hebräische Wort für Bogen (»käschet«) meint eigentlich den Kriegsbogen, die Waffe, das tödliche Geschoß. Aber nun hat Gott in Jesus Christus umfassend »abgerüstet«; er zielt nicht mehr auf uns; die »Armbrust« hängt in den Wolken. Tödliches Gericht ist verwandelt in wunderhelles Farbenspiel: »Nun ist groß Fried ohn Unterlaß ...«

Das Büchlein, das Artikel aus der Zeitschrift *Entscheidung* sammelt, möchte unter diesem Lichtzeichen stehen. Inhaltlich will es erzählen, wie immer wieder gerade an unserm Elend (was ursprünglich Verlassenheit, Verlorensein meint) Gottes Licht aufbricht: österlicher Triumph! – Von der Gestalt her betrachtet, sind in lockerer Folge solch einzelne »Farbtöne« zusammengestellt (Predigten, nach dem Tonband leicht überarbeitet, Bild- und Gedichtbetrachtungen). Alles möchte dies Eine reflektieren: »Das ewig Licht geht da herein, gibt der Welt ein' neuen Schein ...«

Da die Predigten frei gehalten und nur wenig überarbeitet wurden, muß ich die Leser bitten, manche stilistischen Unfeinheiten in Kauf zu nehmen.

Siegfried Kettling

Zeit Gottes

Wunder der Nacht

Weihnachtslied

Wer warst du, Herr, vor dieser Nacht?
Der Engel Lob ward dir gebracht.
Bei Gott warst du vor aller Zeit.
Du warst der Glanz der Herrlichkeit.
Beschlossen war in dir, was lebt.
Geschaffen ward durch dich, was webt.
Himmel und Erde ward durch dich gemacht.
Gott selbst warst du vor dieser Nacht.

Wer war ich, Herr, vor dieser Nacht?
Des sei in Scham und Schmerz gedacht!
Denn ich war Fleisch und ganz verderbt,
verloren und des Heils enterbt.
Erloschen war mir alles Licht.
Verfallen war ich dem Gericht.
Ich, dem Gott Heil und Gnade zugedacht,
war Finsternis und Tod und Nacht!

Wer wardst du, Herr, in dieser Nacht?
Du, dem der Engel Mund gelacht,
dem nichts an Ruhm und Preis gefehlt,
hast meine Strafe dir erwählt.
Du wardst ein Kind im armen Stall
und sühntest für der Menschheit Fall.

Du, Herr, in deiner Himmel höchster Pracht
wardst ein Gefährte meiner Nacht!

Wer ward ich, Herr, in dieser Nacht?
Herz, halte still und poche sacht!
In Gottes Sohn ward ich Sein Kind.
Gott ward als Vater mir gesinnt.
Noch weiß ich nicht: Was werd ich sein?
Ich spüre nur den hellen Schein!
Den hast du mir in dieser heilgen Nacht
an deiner Krippe, Herr, entfacht!

Jochen Klepper

Wie ein geräumiges, wohnliches Haus steht das Gedicht vor uns. Ein Haus mit Türen, die sich bereitwillig öffnen, wenn wir die Schlüssel dazu haben. Machen wir uns auf die Suche nach den »Schlüsselwörtern«!

Nacht

Achtmal begegnet uns dieses Wort. Bei jeder der vier Strophen schließt es die erste Zeile ab. Bei den Strophen 1-3 steht es als letztes Wort. Nur in der vierten Strophe ist es eine Reihe nach oben gewandert. Wie eine Girlande zieht es sich am Gedicht entlang, klingt auf wie ein Refrain. Um *Nacht* geht es also. »Nacht« ist in der biblischen Sprache nicht einfach das Gegenstück zum Tag im natürlichen Kreislauf der Gestirne, im selbstverständlich schwingenden Rhythmus von Sonnenauf- und -untergang.

»Nacht« ist nicht die »mondbeglänzte Zaubernacht«, von der die Romantiker singen.

»Nacht« heißt Gottesferne, Stunde der schwarzen Gedanken und dunklen Machenschaften. Gottes erstes Schöpfungswort lautet: »Es werde Licht!« »Gott ist Licht, und in ihm ist keine Finsternis« (1. Joh 1,5). Wir Menschen dagegen suchen unser Versteck im Dunklen: »Die Menschen liebten die Finsternis mehr als das Licht, denn ihre Werke waren böse.« (Joh 3,19).

Ein finsteres Geheimnis umsteht also in der Bibel das Wort »Nacht«. Klepper läßt es anklingen.

»Ich ... war Finsternis und Tod und Nacht« (II, 8).

Aber nun spricht der Dichter nicht einfach von »Nacht«. Er streckt vielmehr den Zeigefinger aus: Von »*dieser* Nacht!« ist viermal die Rede, jeweils in der ersten Zeile jeder Strophe.

»Diese Nacht«! Es geht um die eine, die unvergleichliche Nacht, die Nacht aller Nächte, die »heilige Nacht« (VI, 7), die »Weihnacht«. Es geht um die Nacht, in der Gottes Herrlichkeit aufgeht. Das ist Gottes Art, sein unverwechselbarer Stil: In der Nacht bricht sein Licht hervor, im Grab (am Ort der Verwesung) beginnt das neue Leben.

»Heilige Nacht«

Nichtchristliche Religionen wissen auch von »heiliger Nacht« zu reden. Aber gerade da entdecken wir den Unterschied. Im Islam geht es um die Nacht, in der Mohammed zum ersten Mal das himmlische Buch, den Koran, eröffnet bekam. Im Buddhismus gedenkt man der Nacht, in der Prinz Gautama (Buddha) in tiefer Meditation unter einem Feigenbaum die Erleuchtung empfing. »Heilige Nacht« ist die Nacht der Inspiration. Aber für uns Christen geht es nicht um hohe Gedanken, um Lehren und Gedankengebäude. Nein, eine *Geburt* ist das Wunder der heiligen Nacht. Er, der Eine, der Gottessohn und Retter, kommt in der Gestalt eines hilflosen Säuglings. Ein Kind liegt in Stall und Krippe, ein Name wird ausgerufen: Jesus, Heiland, Seligmacher! Die »heilige Nacht« trägt seinen Namen. »Christ«-nacht heißt sie: »Das Wort ward Fleisch.«

»Herr«

Wieder bekommen wir ein Schlüsselwort in die Hand. Am Anfang jeder Strophe steht es. Viermal tönt es durch die Christnacht »Herr«! Nicht an Gewalt muß man da denken, an Zwang und Diktatur. Nein, zu diesem Herrn gehört »Herrlichkeit« (I, 4). Herrlich ist es, einen Herrn zu haben, der Verlorenen einen Platz gibt im Vaterhaus (Lk 15), der Vagabunden Heimat schenkt, Schuldigen den Freispruch, Sterbenden das Leben.

»Du, Herr« – »Ich, Herr«

Dieser Herr geht nicht auf Distanz; man darf mit ihm sprechen – zutraulich wie Kinder mit dem Vater. Er sucht das Gespräch mit uns, nichts will er lieber. Das

Wörtchen *»Du«* ist wieder ein Schlüssel, der Türen öffnet. »Du, Herr« heißt es in der ersten, »Du, Herr« in der dritten Strophe. »Du, Herr«, was für ein seltsames Wortpaar. Das intime, vertraute »Du« vor dem mächtig aufragenden »Herr«! Was mag das für ein Herrscher sein, mit dem ich Duz-Kontakt haben darf? Mit diesem Herrn kann man sprechen (»Du, Herr«), vor diesem Herrn kann man sich aussprechen. Zweimal begegnet uns am Strophenanfang die Wortverbindung »ich, Herr« (II, 1 u. VI, 1). Verwunderliches Zwiegespräch: »Du, Herr« (zweimal), »ich, Herr« (zweimal).

Wunder der Nacht: das große, herrliche, heilige Du und das kleine, erbärmliche, schuldige Ich – wir, *wir* gehören zusammen.

Vor diesem großen Du, das in Krippe und Stall mir so nahekommt, darf ich mich selber finden (aus Schuldnern werden jetzt Gotteskinder). Die Menschwerdung Gottes bringt die Menschwerdung des Menschen. Und dieses neue, wahre Menschsein lebt vom dauernden Gespräch, hat im Beten sein Lebenselement: »Du, Herr – ich, Herr«.

Vorher – Nachher

Ein geräumiges, wohnliches Haus haben wir Kleppers Gedicht genannt. Betrachten wir jetzt den Aufbau, die Architektur, so bemerken wir, daß die vier Strophen sich zu zwei großen Blöcken ordnen.

Die Strophen eins und zwei sprechen von einem »Vorher«: »Wer warst du, Herr, *vor* dieser Nacht? (I, 1) – »Wer war ich, Herr, *vor* dieser Nacht?« (II, 1).

Der zweite Block – die Strophen drei und vier – markieren ein »Nachher« (»Wer wardst du, Herr? Wer ward ich, Herr, *in* dieser Nacht?« III, 1 u. IV, 1). Ein gewaltiges Vorher und Nachher, und dazwischen liegt die eine Nacht, die heilige, die Christ-nacht.

Von außen betrachtet ist sie eine Nacht unter Millionen im Ablauf der Weltgeschichte. Von innen gesehen, ist diese *eine* Nacht die *Wende* aller Zeiten. Von dieser Nacht her wird man nun alle Jahre und Tage zählen müssen. »*Vor* Christi Geburt« wird man sagen und »nach Christi Geburt«. Alle Zeiten werden Maß nehmen, sich orientieren an dieser Nacht.

»Vorher« und »Nachher« – das ist ein geläufiges Wortpaar in der Reklamesprache: Jede Schlankheitsdiät, jede Hautcreme wirbt damit; jede revolutionäre Bewegung redet davon. Stets wird Neues versprochen – Neues, das doch nur Variation des Alten ist, Zukunft, die rasch von der Vergangenheit eingeholt wird. Aber in dieser Nacht ist das wahrhaft Neue geschehen, das Neue, das alles andere alt macht und selbst nie veraltet. Diese Nacht wendet das Weltgeschick und mein kleines Leben: »Als die Zeit erfüllt war, sandte Gott seinen Sohn« (Gal 4,4).

»Er wird ein Knecht und ich ein Herr«

Das ist nun das Besondere an Kleppers Gedicht, daß das Vorher und Nachher auf *zwei Personen* verteilt wird. Was in dieser Nacht geschah, diese große Wende, sah für das große göttliche *Du* ganz anders aus als für das kleine menschliche *Ich.* So fügen sich nun – über Kreuz (und das ist nicht zufällig!) – die Strophen eins und drei zusammen:

»Wer *warst* du, Herr, *vor* dieser Nacht! (I, 1)

»Wer *wardst* du, Herr, *in* dieser Nacht?« (III, 1)

Und ebenso verbinden sich die Strophen zwei und vier:

»Wer *war* ich, Herr, *vor* dieser Nacht?« (II, 1)

»Wer *ward* ich, Herr, *in* dieser Nacht?« (VI, 1)

Die Nacht hat die große Wende gebracht, aber – und dies ist das tiefste Weihnachtswunder – diese Wende machte den großen Herrn ganz klein. Für den großen Herrn brachte sie ungeheuren Verlust, Sturz in Armut, in Hölle und Tod.

(Bitte lesen Sie jetzt die Strophen eins und drei für sich.)

Und diese Wende macht das kleine Ich ganz groß. Mir brachte diese Nacht ungeheuren Gewinn: aus dem Tod wurde ich ins Leben gehoben, aus der Hölle zum Himmel empor.

(Bitte lesen Sie jetzt die Strophen zwei und vier für sich.)

»Das mag ein Wechsel sein!« Dabei ist beides so miteinander verbunden wie die Schalen einer Waage: wenn die eine sinkt, hebt sich die andere. Gottes Kleinwerden macht mich groß; sein Abstieg in die Hölle bedeutet meine »Himmelfahrt«. Das ist in der Tat Umwertung aller Werte, Revolution aller Revolutionen. So sieht *seine* Geschichte aus, wenn ich sie staunend bedenke: »Du warst der Glanz der Herrlichkeit« (I, 4) – Du »wardst ein Gefährte meiner Nacht« (III,

8). Und so die *meine,* die mir unbegreiflich bleibt: »Ich war Fleisch und ganz verderbt« (II, 3) – »In Gottes Sohn ward ich sein Kind« (IV, 2). Das ist das Wunder dieser Nacht: Herr und Sklave tauschen die Plätze, mein böses Vorher wird verschlungen in ein seliges Hernach. Wende der Zeiten, Lebenswende! Heilige Nacht im Zeichen des Kreuzes!

Anbeten und Warten

Was fange ich an mit dem Wunder dieser Nacht? Wie Maria möchte ich es »bewegen in meinem Herzen«, will den Blick ganz nach oben schicken und dann ganz nach unten, will staunend wahrnehmen, wie der Große ganz klein wird und wie dabei ein Habenichts und Schuldner wie ich geadelt wird zu Gottes Kind. Zart und tastend will ich die Hand nach der Krippe ausstrecken und will dabei sprechen: »Du, Herr, *mein* Herr sollst Du sein.« Diese Nacht soll Maß auch meines Lebens sein. Und *warten* darf ich, warten in atemloser Spannung: »Noch weiß ich nicht, was werd' ich sein?« (IV, 5). Dieser Herr hat noch Größeres mit mir vor. Wenn die Vergangenheit (»diese Nacht«) schon soviel brachte, was wird dann erst die Zukunft schenken!

Wenn Gottes Niedrigkeit so reich machte, womit wird uns dann seine kommende Herrlichkeit überschütten? Wenn die Nacht schon solches Licht entfachte, wie muß dann erst der große Morgen der Vollendung leuchten! »Du, Herr«, will ich sagen, »ich, Herr, freue mich darauf!«

Alles vollbracht

zu Johannes 20,28-42

Da schickt ein 16jähriger Pfarrerssohn seinen Vater auf den Weg zur Karfreitagspredigt mit folgendem Satz: »Heute bin ich mit von der Partie, ich muß doch sehen, wie Du mal wieder die Pleite von damals erklärst.«

Das ist schnoddrig dahingesagt und doch ernst gemeint. Die Pleite von damals. Der Vater bleibt ruhig: »Den Sieg Jesu Christi werde ich ausrufen.«

Was gilt denn nun: Pleite, Bankrott oder Endsieg?

Den Gekreuzigten vor Augen – da scheidet sich die Menschheit. So wie Paulus sagt: »Wir verkündigen den gekreuzigten Christus, den Griechen eine Torheit.« Gebildeten Intellektuellen ein hirnverbrannter Nonsens. Philosophen sagen: »Wenn überhaupt Gott, *so kann* er nicht sein.« – »Den Juden ein Ärgernis.« Frommen, religiösen Menschen ein gotteslästerlicher Skandal; *so darf* Gott nicht sein!« »Uns aber«, sagt Paulus, »Kraft Gottes zur Rettung.« Pleite oder Endsieg? Es kommt wohl auf den Standort an. Da heißt es entweder – oder, draußen oder drinnen.

Das hat gerade der Evangelist Johannes unnachahmlich herausgearbeitet. Als Stilmittel benutzt er oft griechische Vokabeln, die zwei Bedeutungen haben. Z. B.: Da kommt der Theologe Nikodemus bei Nacht, und Jesus sagt zu ihm: »Es sei denn, daß jemand *›anothen‹* geboren werde. Sonst kann er das Reich Gottes nicht sehen« (Joh 3,3). »Anothen«, das kann man übersetzen »ein zweites Mal«, *»noch einmal«*, und so versteht's dieser Nikodemus. Ein alter Mann ist er. Als Embryo, als Fötus zurück in den Mutterleib? Das ist absurd, unmöglich! »Anothen« kann man aber auch anders übersetzen, – und so meint es Jesus: Es sei denn, daß jemand *von oben her*, von Gott her, eine neue Existenz bekommt.

Oder da ist die Frau am Jakobsbrunnen, die sich in der Mittagshitze mit Wassertragen abplagt. »Wenn du mich bitten würdest«, sagt Jesus, »ich würde dir *hydor zon* geben« (Joh 4,10). Wieder solch ein doppeldeutiges Wort! Man kann übersetzen: eine Quelle, die beständig sprudelt, *lebendiges* Wasser. »O ja«, sagt die Frau, »eine solche Schlaraffenlandquelle, die hätte ich gerne daheim.« Sie möchte das Zauberwasser einordnen in ihr altes Leben. Jesus aber spricht von dem Wasser, das den Durst stillt zum ewigen Leben, vom *Lebenswasser*.

Bankrott oder Ziel?

Mitten in unserem Text steht eine Vokabel, die ebenso doppelsinnig ist, das bekannte letzte Wort Jesu, »tetelestai« (Joh 19,30); »telos« kann im Griechischen heißen: »Ende«; »tetelestai« ist dann ein letzter Seufzer: »Jetzt ist alles aus, nun ist Schluß.« Ein Wort voller Verzweiflung und Resignation. Jesus gibt selbst seine Niederlage zu. »Es ist Schluß. Hurra und Viktoria!«, so toben die Feinde. »Wir haben ihn zur Strecke gebracht, er ist am Ende.« – »Es ist Schluß«, so klagen die Jünger. Gott selbst hat sich in einem Gottesurteil von diesem Jesus distanziert, hat ihn verflucht, – es ist Schluß!

Wenn wir den Gekreuzigten vor Augen haben, sehen wir da nicht tatsächlich den Totalbankrott? Telos! Schluß! Ende! Haben nicht die Mächte, die unsere Zeit bestimmen, die Götzen und Idole, gesiegt? Kannst du was, dann bist du was, so tönt das Leistungsprinzip. Steig herab vom Kreuz, dann wollen wir dir glauben, aber du kannst ja nichts, also bist du nichts.

Hast du was – dann bist du was, so klingt unsere Ideologie vom Besitzen und Konsumieren, vom Haben und Sich-etwas-leisten-können. Aber du hast ja nichts – nicht einmal Kleider am Leib. Man hat dich öffentlich bloßgestellt: »Da war keine Gestalt noch Schönheit« (Jes 53,2).

Der Dichter Theodor Storm protestiert in einem Gedicht leidenschaftlich gegen die Verschandelung der schönen Landschaften durch Kreuze. Scheußlich dieser Anblick! – Leistungsprinzip, Besitzdenken, Schönheit? Wer das will, muß sich abwenden von dem Kreuz Jesu; »tetelestai« – es ist Schluß. Doch nun sagt der Evangelist Johannes: Das Wort telos kann man auch anders übersetzen. Es heißt im Griechischen genausogut »Ziel«, also nicht *Ende,* sondern *Vollendung*. Jetzt ist dieses Wort »tetelestai« plötzlich ein Trompetenstoß, ein Jubelruf, eine Siegesfanfare: *»Es ist geschafft!«* Es ist gelungen! Es ist erreicht! *Es ist vollbracht!* – Was gilt nun?

»Kommt«, sagt der Evangelist, »ich nehme euch mit in das Geschehen.« Er stellt uns vier Szenen vor Augen.

Tod oder Leben?

»Seht«, sagt Johannes, »Soldaten kommen: das Hinrichtungskommando. Sie tragen schwere, eiserne Keulen. Aufzuräumen haben sie. Man muß schließlich Rücksicht nehmen auf die jüdischen Vorstellungen: ein Gehenkter darf über Nacht nicht im Freien hängen, erst recht nicht am morgigen Sabbat, mit dem das Passahfest beginnt.«

Das Brutale an der Kreuzigung als Hinrichtungsmethode war, daß sie so unendlich langsam tötete, daß Menschen oft tagelang im Todeskampf angenagelt an den Balken hingen. Zunächst stellten sich Verkrampfungen ein, Zerrungen in den Muskeln, dann kam die Agonie. Das Herz war nicht mehr in der Lage, das Blut in die Extremitäten zu pumpen. Das stauende Blut verursachte krampfartige Schmerzen wie bei Angina pectoris. Immer wieder bäumte, reckte sich solch ein Mensch auf, um den Kreislauf zu reaktivieren – oft ein tagelanges Sterben. Es gab ein probates Mittel, wir kennen sogar den Fachausdruck dafür: »crurifragium«. Man brach mit eiserner Keule dem Gehenkten die Oberschenkel, ein rascher Kreislaufkollaps, der Tod trat ein. Ein abscheuliches Bild. KZ und Folterkammer stehen da vor uns.

Jetzt treten die Soldaten zu Jesus. Wie gut, daß er schon tot ist. Wie gut, daß ihm das erspart blieb. Es ist ja schon alles »telos«, Schluß, Ende, alles vorbei. Doch nun verweist der Evangelist Johannes auf das Alte Testament, auf eine Stelle im zweiten Buch Mose. »Sie werden ihm keinen Knochen zerbrechen.« (12,46). »Das geschieht«, sagt Johannes, »damit die

Schrift zum ›telos‹, zum Ziel kommen soll« (Joh 19, 36).

Opfer oder Befreiung

Jesus, das Passahlamm. Wie ein roter Faden geht dieses Motiv durch alle Johannes-Schriften. Am Anfang schon: »Siehe, das ist Gottes Lamm« (1,29). Dann in der Passionsgeschichte: Jesus stirbt genau zu der Stunde, wo im Tempel die Passahlämmer geschlachtet werden (18,28). Dann im 1. Johannesbrief: »Das Blut Jesu macht uns rein von aller Sünde« (1,7). Da steht Jesus im *Bild des Opferlamms* vor uns. Und schließlich im Buch der Offenbarung, auf dem Gipfelpunkt, wo durch das ganze Weltall die Frage ertönt: Wer kann's? Wer vermag die Weltgeschichte und das Weltgeschick zum Ziel zu bringen? Da erscheint ein Lamm, das die Schächtwunde noch am Hals trägt, und öffnet das Buch mit den sieben Siegeln (Kap. 5). Leitmotiv in allen Schriften, die den Namen Johannes tragen: Jesus, das eine, endgültige Passahlamm. Passah hieß für die Juden: *Verschonung.* An den Türen, die mit dem Passahblut gekennzeichnet waren, ging der Gerichtsengel vorbei. Und Passah hieß: *Befreiung.* Heraus aus Ägypten – hinein in ein neues Leben.

Schuld und Gericht

Die Sprache der Bibel redet von Opfer, von Blut, vom Lamm, von Sühne, vom Opferlamm, von Sühnetod. Fehlen uns da nicht die Begriffe zum Begreifen? Wir sind ja Zeitgenossen des sogenannten modernen Menschen. Für ihn ist schon das Wort *Schuld* meist ein bloßer Begriff, eine gedankliche, abstrakte Größe. Allenfalls Schuld*gefühle* kann man spüren und muß sie dann psychotherapeutisch abbauen. Dann *»Sünde!«* Was soll das schon sein für einen Menschen, der sich seine eigenen Gesetze macht, der sich selbst zum Gott erhoben hat? Ein Stück aus dem mittelalterlichen Gruselkabinett! Und nun sogar *»Sühne«?* Das sind doch leere Worthülsen – Schuld, Sünde, Sühne!

Für das biblische Denken ist das ganz anders. Da ist Schuld Wirklichkeit in dem Sinne: da *wirkt* etwas. Eine Tat, die Folgen in die Welt setzt, die eine Kettenreaktion auslöst.

Schuld meint eine Lawine, die wir in Gang bringen, die »wirklich« ist, Wirklichkeit schafft. – Ein gutes Wort hätte vielleicht die ganze Weltgeschichte verändern können – wir haben es nicht gesagt. »Es ist der Fluch der bösen Tat«, sagt Schiller, »daß sie fortzeugend Böses muß gebären.« Unterdrückte rächen sich an ihren Unterdrückern, auch wenn sie erst deren Enkel treffen. So wird Sühne auf Erden geübt: Heimzahlen! Das Ganze ist ein unendlicher Teufelskreis, der sich immer rasender und mit größerem Radius dreht.

Für *biblisches Denken* aber steht dahinter der richtende Gott. *Er* ist es, der diese Lawine über uns kommen, diesen Bumerang auf uns fallen läßt. Wie mag es am Jüngsten Gericht aussehen? Wenn unsere Worte und unsere Taten, von uns längst vergessen, ihre ganze Geschichte mitbringen. –

Sühne und Vergebung

Mitten darin steht nun das Geschehen von Golgatha. In Jesaja 53 heißt es von dem Gottesknecht, der wie ein Lamm zur Schlachtbank geführt wurde, in wörtlicher Übersetzung: »Der Herr ließ *aufprallen* alle unsere Schuld auf ihn« (53,6). Das ist das Wunder von Golgatha, das meint Sühne. Sühne ist nicht ein magischer Vorgang, bei dem man irgendeinem Unschuldigen, dem sogenannten Sündenbock, etwas auflädt. Als ob man Sünden abtragen könnte! Sünden sind ja keine Sachen; Sünder bin ich in Person. Sühne ist *Existenzvertretung! Wer* tritt an meinen Platz? Gottes Lamm – für Sie und für mich.

Wenn ich vor dem Gekreuzigten stehe, sehe ich zweierlei: Zuerst: »Schrecklich ist es, in die Hände des lebendigen Gottes zu fallen« (Hebr 10,31). Wer nicht glaubt, wie ernst es mit dem Gebot Gottes und mit dem Fluch Gottes ist, der muß den Gekreuzigten anschauen.

Und das andere sehe ich: Welch eine unendliche Liebe hat Gott zu uns, daß er das Geschoß auf sich selber lenkt. Das ist der Siegesruf von Golgatha: Tetelestai! Es ist geschafft! Es ist vollbracht! Der Teufelskreis ist zerrissen. Der Bumerang unserer Schuld und ihrer Kettenreaktion hat getroffen, IHN, und wir dürfen leben. Friede mit Gott.

Und nun frage ich Sie und mich persönlich: Wo ist Ihre und meine Schuld? Liegt sie in *meinem Gewissen?* Oder steckt sie verscharrt in *meinem Unterbewußtsein?* Oder steht meine Schuld *in den Gerichtsakten Gottes?*

Wo ist Ihre und meine Schuld? Vergeben ist sie! Vergeben ist mehr als vergessen. Ein anderer hat sie mir abgenommen: »Siehe, das ist Gottes Lamm, das der Welt Sünde wegträgt.« Die große Pleite, der große Konkurs? Nein, die gültige Zahlung. Paulus sagt: Ihr seid *bar* losgekauft (1. Kor 6,20).

Wasser und Blut

Johannes berichtet weiter: »Die Soldaten sind auf Jesus zugegangen und haben festgestellt: Er ist tot. Aber man muß ganze Sache machen. So nimmt einer den Speer, sticht zu, durchsticht das Herz.« Nun ist doch wirklich Schluß. Tot ist tot, sagen wir, wenn wir das Unabwendbare deutlich machen wollen.

»Habt ihr genau hingesehen?« fragt der Evangelist. Blut sahen wir hervorkommen, und dann strömte auch Wasser heraus, Blut und Wasser.

Es ist geradezu aufregend, wie bei Johannes diese Stichworte *Wasser* und *Blut* immer wiederkehren. Vom Messias heißt es (7,38): »Von seinem Leib werden Ströme lebendigen Wassers ausgehen.« Oder in der Nikodemusgeschichte: »... von oben geboren aus Wasser und Geist« (3,5). Dann in Johannes 6: »Wer mein Blut trinkt, der hat das ewige Leben« (V. 54). Schließlich im 1. Johannesbrief eine ganz seltsame Stelle: »Er ist gekommen mit Wasser und Blut, nicht mit Wasser allein, sondern mit Wasser und Blut, und der Geist legt dafür Zeugnis ab« (5,6). Eigenartig, dem Evangelisten scheint dieser Augenblick nach Jesu Tod ganz wichtig zu sein. Er beruft sich auf einen

Augenzeugen: »Der das gesehen hat, der hat das gesagt, und sein Zeugnis ist wahr, *damit ihr glaubt.*« Wie ist das zu verstehen?

Johannes betont: Seht das Wasser, seht das Blut, seht den Zeugen! Ich denke, daß man an dieser Stelle nicht überinterpretiert, wenn man sagt: Johannes spricht hier von der *Taufe*, vom *Abendmahl* und vom *gepredigten Wort*. Dies alles entspringt auf Golgatha. »Es sei denn, daß jemand von oben geboren werde aus Wasser und Geist.« Erinnern Sie sich an die Worte, die Jesus zu Nikodemus sagte?

Paulus sagt von der Taufe: Wer in Christus hineingetauft (d.h. hineingetaucht) worden ist, der ist in seinen Tod hineingetauft, ist mit ihm zusammengepflanzt, ist in Christus drin (Röm 6).

Wenn wir miteinander das Abendmahl feiern, dann ist das ja nicht ein Mahl zum Gedächtnis an einen Fernen, Fremden, Toten, sondern da heißt es: »Nimm und trink!« Jetzt und hier! Und wenn das Evangelium uns bezeugt wird, das Wort vom Kreuz, dann wird das Verkündete unter uns Gegenwart. Evangelium heißt immer: »*Heute* muß ich in deinem Haus einkehren«.

Bekenntnis und Liebe

»Was seht ihr jetzt?« fragt uns der Evangelist Johannes weiter. Eine Beerdigung wird vorbereitet. Wir sehen ein Loch und einen Stein, den man davorrollen wird. Dann wird die Verwesung beginnen. Endstation Grab: tetelestai. Es ist Schluß.

»Seht genau hin«, sagt Johannes. Wir bemerken zwei Männer, den einen in der Robe des Ratsherrn: Joseph von Arimathiäa. Er macht sich auf den Weg zu Pilatus und erbittet den Leichnam. Der Leichnam eines Hingerichteten war Staatseigentum und bekam ein »Staatsbegräbnis«, d. h. er wurde anonym verscharrt. Joseph von Arimathiäa möchte, daß der Tote wenigstens ein ordentliches Grab bekommt. Und der andere: es ist der Theologe Nikodemus. Er ist mit Spezerei gekommen. Was will er? Doch wohl präparieren, mumifizieren, einbalsamieren, die Verwesung noch ein bißchen aufhalten. Wenn jetzt nicht wirklich Schluß ist! –

Wieder fragt Johannes: »Merkt ihr nichts?« Und plötzlich erfüllt uns Staunen: Joseph von Arimathiäa, der Patrizier, war ein Jünger Jesu, doch heimlich, aus Furcht vor den Juden. Jetzt kommt er zum Grab. Und Nikodemus, der Jesus im Schutz der Nacht aufgesucht hatte, kommt auch. Der eine tritt aus seiner Furcht heraus, der andere aus seiner Scham. Und sie bekennen sich öffentlich zu diesem Gehenkten. »Merkt ihr«, sagt Johannes, »wie über diesem Grab die Ostersonne aufgeht?« Menschen bekommen Mut, nach vorn zu treten und zu bekennen: Ich gehöre zu Jesus.

Wer zu Christus gehört, zeigt es in der Tat der *Liebe.* Das Handeln von Christen entspringt unter dem Kreuz Jesu, ist Echo auf seine Liebe. »Die Liebe Gottes ist ausgegossen in unsere Herzen durch den Heiligen Geist«, sagt Paulus mit dem Blick auf die Versöhnungstat Jesu (Röm 5,5). So wagt Joseph von Arimathiäa den Weg zu Pilatus. So bringt Nikodemus nicht weniger als einen halben Zentner von Spezereien (wieviele Tote könnte man damit einbalsamieren!). So stellt Joseph von Arimathiäa das eigene Grab zur Verfügung. Denn der Liebe ist nichts zu schade.

Unter dem Kreuz Christi wird die Liebe geboren, die zur Praxis drängt. Das bezeugen diese beiden Gestalten. Nikodemus und Joseph von Arimathiäa sind nicht *noch* dabei, einem Vergangenen das Grab zu schaufeln, nein, sie sind *schon* dabei, in die neue Welt hineinzuschreiten, ins Osterlicht.

Wir sollten endlich aufhören, davon zu sprechen, daß es »noch« Schüler und Studenten, daß es »noch« Menschen gibt, die an Jesus Christus glauben, so als wären wir Leute, die eigentlich in ein Museum gehörten. Nicht *»noch«* – »schon« heißt die Parole.

König und Herr

Ein letztes Mal zeigt Johannes auf Jesus. Er deutet auf das Schild, das zu Häupten Jesu hängt. Titulus nannten es die Römer; solch ein Schild mußte jeder Delinquent zur Hinrichtungsstelle tragen. Sein Name stand darauf und das Verbrechen. Das Ganze war pädagogisch gedacht – als Abschreckung. Auf dem Schild Jesu steht INRI, die Abkürzung für »Jesus Nazarenus Rex Judæorum«: Jesus von Nazareth, der Judenkönig. Johannes berichtet uns, daß Pilatus mit dieser Inschrift einen kleinen Racheakt vollzieht. Man hatte ihm diese Hinrichtung abgepreßt, und so will er die Ankläger verhöhnen, indem er in die Welt hineinruft: Seht, was für ein Judenkönig! Prompt erscheint eine Kommission und sagt: Schreibe nicht ›der Judenkönig‹, sondern, daß er *behauptet habe*: Ich bin der Judenkönig. Darauf antwortet der Römer stolz und trotzig: »Quod scripsi scripsi« (was *ich* geschrieben habe, das *habe* ich geschrieben). Für mich ist der Fall erledigt, tetelestai, Schluß (Joh 19,19-22).

Aus diesem höhnenden Titulus wird nun wirklich der »Titel« für diesen Jesus von Nazareth: der König. In den drei Weltsprachen kann man das lesen: in *Hebräisch* (Aramäisch), das ist die Sprache des Alltags, die Volkssprache, in *Griechisch*, das ist die Sprache der Wissenschaft und des Studiums, und in *Latein*, in der Amtssprache, der Sprache für Politik und Wirtschaft. In allen Weltsprachen wird es proklamiert: *Jesus ist König*. Dieser dreisprachige Titel öffnet die Weite der Reich-Gottes-Dimension.

Alle Lebensbereiche werden der Herrschaft Jesu Christi unterstellt: Das, was die hebräische Überschrift meint: *der Alltag*, der Beruf, die Familie, die Ehe.

Das, was der griechische Titel überschreibt: das Studium, die *Wissenschaft*, die Philosophie, die Kunst, – die Kultur.

Und die Dimension, für die das Lateinische zuständig ist: *Politik und Wirtschaft*, Umweltfrage und Energieproblem. So total und intensiv ist die Herrschaft Jesu: Glaube und Leben, Glaube und Denken, Glaube und Weltverantwortung. »Ja«, sagen wir, »wenn die Verhältnisse anders wären, dann könnte ich's vielleicht glauben.« Wenn! Der bayerische Christuszeuge Hermann Bezzel sagt einmal: »Der Frieden für uns liegt *nie in den Verhältnissen*, sondern das Sterben Jesu schafft den Frieden, der sich in allen Verhältnissen bewährt.«

Ich frage Sie und mich jetzt: Worüber stöhne ich im Augenblick am meisten? Was ängstigt mich am stärksten? Was wünsche ich mir am sehnlichsten vom Hals? An welchem Punkt denke ich: wenn **das** nicht wäre, wäre alles gut? Genau an dieser Stelle gilt: Jesus ist König. Genau hier heißt es: »tetelestai« – es ist geschafft! Mittendrin stehe ich und doch darüber. Es mag sein, daß die Verhältnisse die alten bleiben, – und dennoch leuchtet darüber die Ostersonne. Es mag sein, daß es uns geschenkt wird, daß sich Verhältnisse zeichenhaft ändern. So oder so: Herr im *Alltag*, in *Kultur* und *Politik*: Jesus!

Auf den Gekreuzigten sehen! Das ist nicht Trauer über die große Pleite, das ist Freude über den Endsieg.

Ich sage die Wahrheit

»Als sie aber davon redeten, trat er selbst, Jesus, mitten unter sie und sprach zu ihnen: Friede sei mit euch! Sie erschraken aber und fürchteten sich und meinten, sie sähen einen Geist. Und er sprach zu ihnen: Was seid ihr so erschrocken, und warum kommen solche Gedanken in euer Herz? Seht meine Hände und meine Füße, ich bin's selber. Faßt mich an und seht; denn ein Geist hat nicht Fleisch und Knochen, wie ihr seht, daß ich sie habe. Und als er das gesagt hatte, zeigte er ihnen die Hände und Füße. Als sie aber noch nicht glaubten vor Freude und sich verwunderten, sprach er zu ihnen: Habt ihr hier etwas zu essen? Und sie legten ihm ein Stück gebratenen Fisch vor. Und er nahm's und aß vor ihnen. Er sprach aber zu ihnen: Das sind meine Worte, die ich zu euch gesagt habe, als ich noch bei euch war: Es muß alles erfüllt werden, was von mir geschrieben steht im Gesetz des Mose, in den Propheten und in den Psalmen. Da öffnete er ihnen das Verständnis, so daß sie die Schrift verstanden, und sprach zu ihnen: So steht's geschrieben, daß Christus leiden wird und auferstehen von den Toten am dritten Tage; und daß gepredigt wird in seinem Namen Buße zur Vergebung der Sünden unter allen Völkern. Fangt an in Jerusalem, und seid dafür Zeugen« (Lk 24,36-48).

Aus dem kommunistischen Rußland wird von einer Propagandaversammlung für den Atheismus berichtet. Der Redner häuft eifrig Argumente, die beweisen sollen, daß Gott tot sei und der Christenglaube nichts als Schwindel. Am Ende erhebt sich ein Priester: »Darf ich auch etwas dazu sagen?« Zunächst Unwille auf der Tribüne. Dann doch die Erlaubnis: »Aber nur ganz kurz!« Darauf ruft der Priester in den übervollen Saal den alten Ostergruß: »Christus ist auferstanden!« Überwältigend ist das Echo. Vielhundertstimmig schallt es zurück: »Er ist wahrhaftig auferstanden!« Es ist, wie wenn Sonnenlicht finstere Spukgestalten vertreibt, wie wenn frischer Sauerstoff abgestandenen Mief verjagt.

»Christus ist auferstanden!« Dieser Jubelruf ist die Siegesproklamation auch auf Friedhöfen und über Gräbern, ist das Thema des ersten Ostertags.

Der zweite Ostertag nimmt das Echo auf, will uns zum Nachsprechen und Nachdenken einladen. Was heißt das: »Er ist wahrhaftig, er ist wirklich auferstanden«? – In dem Wort »wirklich« ist das Tatwort »wirken« enthalten. Nur was wirkt, was selbst lebendig ist, setzt anderes in Bewegung, ist »wirklich«. *Jesus ist »wirklich«, weil er wirkt.* Johann Christoph Blumhardt hat die Osterbotschaft so übersetzt: »Jesus lebt, das heißt: Er tut etwas!« Der Bibeltext oben demonstriert vier »Wirkungen«, vier »Wahrzeichen«.

Der Auferstandene bleibt der Gekreuzigte

Eben sind – schon ist die Nacht hereingebrochen – die beiden Emmausjünger in den Kreis der Zwölf hereingeplatzt. Noch atemlos von dem raschen Rückweg nach Jerusalem, haben sie ausgerufen: »Der Herr lebt! Er hat uns das Brot gebrochen!« Aus dem Kreis der zwölf tönt es zurück: »Ja, der Herr lebt! Er ist Simon Petrus erschienen!«

Ist es *wirklich* der Herr? Freude und Zweifel, Hoffnung und Furcht vor böser Täuschung kämpfen in Kopf und Herz. Da steht plötzlich Jesus in ihrer Mitte. Ist er durch die verriegelte Tür getreten? Hat er die massive Wand durchschritten? Ist das Ganze nur ein Wahngebilde, geboren aus der Sehnsucht des eigenen Herzens? Oder etwa eine Spukerscheinung?

Uralte Ängste steigen aus den Tiefen des Unbewußten, umkrallen das Herz, verwirren das Gehirn. Ist es *wirklich* Jesus? Gibt es ein Echtheitsmerkmal, einen untrüglichen Erweis seiner Identität? Woran erkennt man Jesus?

Von dem Bischof Martin, dem Luther seinen Vornamen verdankt, wird erzählt, eines Nachts sei eine herrliche Lichtgestalt in sein ärmliches Zimmer getreten, von königlicher Pracht umgeben, und habe zu ihm gesagt: »Martin, du bist so treu gewesen, heute will ich dir zeigen, wie lieb ich dich habe.« Darauf Martin ganz unbeeindruckt: »Ja, wer bist du denn?« »Ich bin doch Jesus, dein Heiland!« Martin: »Wo hast du denn deine Wunden?« Antwort: »Ich komme doch jetzt nicht mehr als Geschändeter vom Kreuz, ich bin jetzt ganz in meiner himmlischen Herrlichkeit.« Darauf habe Martin das Kreuz geschlagen und gerufen: »Mir aus den Augen, Satan!« Und alsbald sei die Erscheinung verschwunden.

Das mag nur eine fromme Legende sein, aber sie hat das Entscheidende genau erfaßt. Ohne die Wundmale, ohne die Zeichen seines Sterbens für uns, ist Jesus nicht echt. *Seine Nägelmale nimmt er mit in den neuen, österlichen Leib. Jesus hat Kreuz und Tod keineswegs einfach hinter sich gelassen. Was der Sterbende uns erwarb, eben das will der Erhöhte uns austeilen.* So lautet sein erstes Wort an die Jünger: »Friede sei mit euch!« (V. 36). »Friede«, »Schalom« meint Heil, heißt Vergebung. Damit sagt Jesus: »Dir, Petrus, der du mich verleugnet hast, euch Jüngern, die ihr aus Angst vor Verfolgung als Deserteure geflohen seid, euch allen, die mir treu bleiben wollen und doch immer wieder versagen, gilt Vergebung.« Das Alte ist abgetan, die Schuldurkunde zerrissen, ein neuer Anfang für jeden bereitet. Jesus ist *wirklich* auferstanden. Er tut, was nur Gott tun kann: Er streicht unsere Vergangenheit durch.

Der Auferstandene erneuert die alte Welt

Nicht nur seine Hände und Füße und seine durchbohrte Seite hat Jesus den Jüngern gezeigt, nicht nur gesagt, man könne ihn befühlen, anfassen, – Lukas berichtet sogar, Jesus habe vor den Augen seiner Jünger ein Stück Bratfisch verzehrt. Das hat immer wieder Protest ausgelöst: »So handfest, so massiv, so materialistisch darf es zu Ostern doch nicht zugehen! Das ist zu primitiv, zu ungeistig!« Wirklich? Ein Theologe hat einmal gesagt: »Was wir vom Auferstehungsleib Jesu denken und aussagen, das zeigt, was wir am Menschen überhaupt für wesentlich halten.« Ist wahr und wichtig am Menschen allein sein Geist, sein Denken, seine Ideenwelt? Oder ist das Wesentliche am Menschen die Seele, unser Empfinden, Ahnen, Träumen? Gehört auch das Körperliche, das handgreiflich Materielle wesenhaft zu uns?

»Leib« meint in der Bibel den ganzen Menschen, so wie ihn Gott geschaffen hat, mit Körper, Seele und Geist. Paulus sagt im Korintherbrief: »Dies Verwesliche muß anziehen die Unverweslichkeit, und dies Sterbliche muß anziehen die Unsterblichkeit« (1. Kor 15,53). »Leibliche« Auferstehung heißt also: Auferstehung des gottgewollten Ganzen, nicht das Herausdestillieren einer besonders kostbaren »Substanz«.

Doch zugleich macht Jesu Auferstehungsleib klar: Es geht hier nicht um Wiederbelebung eines Toten, um Rückkehr in das frühere Leben. Es geht auch nicht um »Reanimation« oder »Reinkarnation«. Der Osterleib ist »ganz anders«: Er kann Türen und Wände durchschreiten, ebenso plötzlich anwesend sein und verschwinden. Alle Gesetze von Raum und Zeit, Materie und Energie binden ihn nicht, er beherrscht sie. Er ist durch eine völlige Verwandlung hindurchgegangen (vgl. 1. Kor 15,52 b). Und doch ist es »ganz derselbe Jesus«! Er macht seine Menschwerdung, das Weihnachtswunder, und sein Sterben, die Karfreitagsqual, nicht rückgängig: Jesu Osterleib ist – wir können das nur stotternd sagen – das erste Stück verwandelter Welt und so Unterpfand für den neuen Himmel und die neue Erde.

Jesus will nicht »unsterbliche Seelen« von der Welt erlösen, nein, er will die ganze Schöpfung in seine Erlösung hineinziehen. Für die Religionen Indiens ist unsere Welt nur »Maya«, Schein, Illusion. Und Seligkeit ist also nichts als Befreiung *von* dieser Welt. Wir Christen aber glauben von Ostern her an die herrliche Verwandlung der ganzen Kreatur (Röm 8,19-21).

Denken, vorstellen, ausmalen können wir uns das alles nicht. Unsere Gedanken und Bilder sind ja durchtränkt von der alten Todeswirklichkeit. Doch *von Ostern her können wir es uns von Jesus gesagt sein lassen: »Siehe, ich mache alles neu!«* Wenn Jesus vor den Jüngern ißt, so hat das einen tiefen Sinn. Für sein Osterleben braucht er ganz sicher nicht mehr die Speisen dieser Welt, und ebensowenig den ganzen Verdauungstrakt. Doch indem er ißt, nimmt er etwas von der alten Welt hinein in sein Osterleben. Damit verheißt er allen das Neue und Vollendete. Uns und alles will er in sich hineinholen, nach sich ziehen. Was im Grab, am Ort der Verwesung, an seinem geschändeten Leib begann, das will umfassend, universal wahr werden. Ganz real ist das gemeint: »Lässet auch ein Haupt sein Glied, welches es nicht nach sich zieht?«

Der Auferstandene öffnet Bibel und Herzen

Stellen Sie sich einmal vor, der auferstandene Jesus ließe sich in eine Talkshow einladen, er wäre bereit zu einem öffentlichen Hearing. Was man da nicht alles fragen könnte! »Gibt es tatsächlich eine Seelenwanderung?« »Ist Kontakt zu Verstorbenen möglich?« »Woran kann man im Jenseits seine Lieben wiedererkennen?« – Aber Jesus gibt kein Interview. Er weiß, es ist entscheidend, daß wir für das Leben und Sterben ein festes Fundament haben, Felsengrund unter den Füßen. Darum hält er »Bibelstunde«. Und das gleich zweimal. Zuerst den beiden Jüngern auf dem Weg nach Emmaus. »Er öffnete uns die *Schrift*«, sagen sie später (V. 32). Dann dem Jüngerkreis in Jerusalem. Er öffnete ihnen *»das Verständnis«*, heißt es da (V. 45). Er schließt also beides auf: die Bibel und den Verstand, das Buch und die Augen, die Texte und die Herzen! Offensichtlich ist das eine so notwendig wie das andere.

Ich stelle mir einen Kunstliebhaber in einem Museum vor. Er steht vor einem bedeutenden Werk Rembrandts. Nur: dem Betrachter sind die Augen fest verbunden, und das Gemälde ist mit einer schwarzen Decke verhängt. Da muß zweimal etwas geschehen: »Enthüllung« beim Betrachter und beim Bild!

Mit der Bibel ist es offenbar ähnlich. Jeder kann über dieses Buch nach Belieben streiten, kann über Bibelworte spotten oder sich auch schöne Sprüche herausklauben. Aber wirkliches »Ver-stehen« ist etwas völlig anderes. »Verstehen« meint: Zwei »stehen« so zueinander, daß sie sich finden, sich füreinander öffnen, zueinander passen, so daß Gemeinschaft, Liebe geschieht.

Der auferstandene Jesus öffnet die Schrift. Jetzt wird der eine rote Faden sichtbar, der all die unterschiedlichen Bücher durchzieht. Jetzt wird auf einmal deutlich, daß alle – Abraham und Mose, David und Jesaja – auf ein und denselben Punkt blicken: *Es geht um den einen großen Rettungsplan Gottes.* Das erwählte Israel und die Vielzahl der Völker, der ganze Erdkreis, ja, der ganze Kosmos sind bezogen auf eine einzige Mitte: auf das Geschehen von Karfreitag und Ostern, auf den einen Namen Jesus Christus.

Und auf der anderen Seite stehe ich selbst, mein kleines Leben, mit der Frage, ob es überhaupt einen Sinn hat und sich lohnt. *Meine Sehnsucht und meine Schuld, meine Vergangenheit und meine Zukunft, mein Hungern nach Liebe und Glück – das alles ist eingeschlossen in das große universale Gottesgeschehen. Das alles bekommt letzte Antwort nur in dem einen Namen Jesus.* Nur der Auferstandene kann so Bibel und Herz zusammenbringen. Nur er kann, wie Graf Zinzendorf formuliert, den »Wunden-Blick« schenken: in den Nägelmalen des Auferstandenen erblicke ich das Heil der Welt. Am Kreuz des auferstandenen Jesus hängt schlechthin alles. Glauben heißt, daß ich durch das Bibelwort dies erkenne und dabei froh und gewiß werde. Das ist das eine Leitmotiv der Bibel, das ist das ganze Evangelium.

Der Auferstandene gibt einen weltweiten Auftrag

Jesus ist *wirklich* auferstanden. Ostern wirkt. Der Auferstandene streckt seit jener Stunde seine durchbohrten Hände über Land und Meer durch alle Kontinente und Jahrhunderte. Nach seinem Namen datieren wir unsere Jahre: vor Christus – nach Christus.

Das Kreuz des Auferstandenen hat sich unübersehbar hineingezeichnet in unsere Welt.

Da gibt es zum Beispiel das *»Rote Kreuz«*, das Verwundete verbindet. Der Gründer, Henri Dunant, war ein engagierter Christ. Er schlug das Zeichen vor: weiße Binde mit rotem Kreuz. Dabei dachte er an das Blut Jesu. Das Testament von Henri Dunant schließt mit dem Satz: »Ich bin ein Jünger Jesu und sonst nichts.« Und es gibt das *»Schwarze Kreuz«*, das sich der Strafgefangenen annimmt, das *»Blaue Kreuz«*, das sich um Alkoholiker müht, das *»Weiße Kreuz«*, das sexuell Gefährdeten oder Verunsicherten Hilfestellung bietet. Überall ist Jesu Kreuz, von Ostern umleuchtet, Signal der Hoffnung, des Sieges.

So faßt Jesus seine »Bibelstunde« zusammen, die man geradezu das *»Testament Jesu«* nennen kann: *In seinem Namen wird nach Gottes Willen Buße zur Vergebung der Sünden unter allen Völkern gepredigt werden«* (V. 47).

Seit Ostern ist das von Gott her der Paragraph 1 aller Menschenrechte: Jeder, der Menschenantlitz trägt, hat ein Recht darauf, seinen Herrn kennenzulernen, den, der für ihn gekreuzigt und auferstanden ist. Dies »Testament Jesu« nimmt uns als seine Gemeinde in Pflicht. Wir schulden den anderen das Evangelium. Wohlgemerkt: die anderen sind unsere Gläubiger, wir die Schuldner! »Buße zur Vergebung der Sünden« heißt das Thema. Jeder ist zur Heimkehr eingeladen.

Ein Fisch kann sich nur in seinem Lebenselement – dem Wasser – frei regen. Gerät er aufs Trokkene, wird er zwar gewaltig zappeln und um sich schlagen, doch jeder weiß: Außerhalb des Lebenselements ist nur Todeskampf und Todeskrampf. So »elementar« ist die Heimkehr zu Gott, die Heimkehr ins Leben. Und wer so heimfindet, den beruft Jesus zum »Zeugen«. »Ihr seid dafür Zeugen«, heißt es im Testament Jesu (V. 48). Ein Christ ist Zeuge *von* dem, was er mit Jesus erlebt: *Tatsachenzeuge*. Und er ist Zeuge *vor* anderen in seiner Umgebung: *Öffentlichkeitszeuge*. Er kann nicht schweigen, wenn man ihn fragt. Er ist Zeuge *für* Jesus Christus: *Wahrheitszeuge*, der für seinen Herrn eintritt. Er ist außerdem Zeuge *mit* etwas, mit seinem ganzen Leben: *Existenzzeuge*. So ist aus dem griechischen Wort für Zeuge, »mártys«, das Wort »Märtyrer« geworden, Zeuge mit Leib und Leben.

Denn eins unterscheidet den Jesuszeugen von dem juristischen Zeugen grundsätzlich: Ein Zeuge vor Gericht muß »objektiv« sein, neutral, nicht »befangen«. Er darf mit seiner Person und seinem Herzen nicht in den Fall verwickelt sein. Er darf keine eigenen Interessen haben, nicht Partei sein. Er selbst, sein Herz, muß draußen bleiben. Das alles ist bei Gottes Osterzeugen ganz anders: *nicht nur »befangen« sind Jesu Leute, sondern von ihrem Herrn geradezu »gefangengenommen«, beschlagnahmt. Und das ist gerade die Freude ihres Lebens.* Solch ein Zeuge gibt Antwort mit »Herzen, Mund und Händen«. Das Osterevangelium ruft: »Der Herr ist auferstanden!« Und der Zeuge gibt Echo mit seinem ganzen Leben: »Er ist wahrhaftig auferstanden!« Jesus lebt. Er tut etwas – auch durch uns!

Das Pfingstkreuz

Begegnung mit einem Kunstwerk

von Karl Hemmeter in der Kapelle der Missionsschule Unterweissach

Ein *Kunstwerk* – was ist das?

Da ist zunächst das *Material*: Holz, festes, gut abgelagertes Eichenholz und ein wenig Farbe daran. Erstaunlich, daß solch ein Material, solch ein Stück Materie (Eichenholz hier, ein Sandsteinblock bei einer Plastik, ein Quadratmeter Leinwand bei einem Gemälde) zu einem Kunstwerk werden kann, das Menschen oft über Jahrhunderte hinweg zum Stillestehen nötigt, sie bewegt, erfreut, erschüttert ...

Dann die *Technik:* ein Stück Eichenholz gewiß, doch mit Säge, Hammer, Meißel, Schnitzmesser gekonnt bearbeitet. Kunst kommt von Können! Solide handwerkliche Fertigkeit ist Voraussetzung. Karl Hemmeter begann seinen Weg als Drechsler: Holz ist sein Element. Der bloße Stoff, das Material, wird Werkstoff in der Hand des Könners. Der Mensch formt Materie: aus einem Baumstamm wird ein Relief.

Darüber der *Einfall,* die alles formende Bildidee, die gestaltende »Vision«! Den »Einfall« kann niemand herbeikommandieren. Unverfügbar bleibt er, ist er nach langem Grübeln plötzlich da. Wie von oben

»hereingefallen«! Und dabei so, daß zweierlei »in eins fällt«: der *Gedanke*, das Thema – hier das Stichwort »Heiliger Geist«, »Pfingsten« – und die greifbare, plastische *Form*. Diese Einheit von Denken und Schauen, von Begriff und Gestalt, von innen und außen macht das Kunstwerk aus. Eine Einheit und Ganzheit muß es sein, die so gültig dasteht, sich so zwingend aufdrängt, daß einer ausruft: »Ja, das ist es! Das ist Pfingsten, das ist Heiliger Geist! Das ist Gemeinde!«

Die drei grundlegenden Bildideen

Menschen, die Feuer und Flamme sind

Ein Einfall, so plötzlich er kommt, bedarf zäher Arbeit. Voraus geht ernsthaftes Mühen um das Thema, schürfendes Eindringen in die Aufgabe bei geöffneter Bibel, geduldiges Warten auf die »Erleuchtung«. Es folgt das Ausgestalten, oft auch das Umgestalten, das Korrigieren. Der Einfall hat seine Geschichte: »Heiliger Geist« hieß das dem Künstler gestellte Thema. Das Wort »Geist« haftet zuerst, sucht verwandte Begriffe, tastet nach Assoziationen, drängt auf Anschauung: »Geist« und »Begeisterung«. »Der hat Feuer gefangen«, sagen wir von einem Begeisterten. Begeisterte Menschen sind angezündet, entbrannt für etwas, sind selbst »Feuer und Flamme«. Spricht nicht die Pfingstgeschichte (Apg 2,3) dieselbe Sprache: »Zungen zerteilt, wie von Feuer«? Nun gewinnt der Einfall im Künstler Gestalt: Flämmchen auf den Köpfen (wie viele Pfingstbilder es zeigen), das ist zu wenig! Die Menschen müssen selbst zu Flammen werden: *brennende Kerzen.* Das ist es! – Die erste Bildidee hat zwingende Gestalt angenommen: *Menschen als Kerzen* und *Kerzen als Menschen.* Das ist Pfingsten!

Gottes Geist – nicht der unsere!

Doch: »Heiliger Geist« und »Begeisterung« – läßt sich das in eins setzen? Gibt es nicht genug unheiligen Geist und unheilige Begeisterung? Törichte Begeisterung, die Menschen zu kopflosen, geistlosen »Fans« (von »Fanatiker«!) macht, die irgendeinen »Star« vergötzen. Und gefährliche, dämonische Begeisterung, die Haß und Gier auflodern läßt, sich zum Blutrausch steigert, ins Chaos führt. (Man denke an die Begeisterung, die Hitler oder Goebbels mit ihren Reden anfachten.) – Kritische Abgrenzung ist dringend, Unterscheidung notwendig. *Wer* begeistert hier? Wer ist der Herr des Pfingstgeistes? Theologische Klärung ruft nach bildhafter Klarheit! Die zweite Bildidee wird geboren: zwei Kurven (in der Mitte oben), zwei Parabeln, die eine in der andern liegend, schaffen Abstand, markieren die andere Welt, die Welt Gottes. Man mag an die Wolke denken, die im Alten Testament Gottes Gegenwart anzeigt und zugleich verhüllt. Darin ein Kreis, fraglos die Sonne (»die Sonne, die mir lachet ...«), und in ihrer Mitte die Taube, das alte Symbol des Gottesgeistes. Die Grenze ist unübersehbar: allein Gottes Geist gilt hier, nicht unsere Geistigkeit; der spiritus sanctus (heiliger Geist), nicht unser Esprit; *»Be-geistung«* von Gott, nicht unsere Begeisterung. Von oben muß es kommen! Wir empfangen das Licht (Erleuchtung), sind nicht selbst Lichtquelle. Entflammtwerden ist hier dran, nicht Selbstentzündung! *Von oben muß es kommen!* Aber nun kommt es auch wirklich von oben: Gottes Geist bleibt nicht bei sich selbst, die Taube stürzt herab, die Sonnenstrahlen brechen durch die Wolken. Gott selbst durchstößt die Grenze. Pfingsten ist Gottes »Gefälle« hin zu uns. Heiliger Geist heißt: Gott selbst will bei, will in uns wohnen. Gott selbst – das ist Pfingsten!

Das Kreuz – der Grundriß!

Noch einmal heißt es: Vorsicht! Beruft sich nicht alle religiöse Schwärmerei auf das Oben, auf den Pfingstgeist? Ist wildes Außer-Sich-Sein, ist unkontrollierter Gefühlsausbruch schon Zeichen der Gottesgegenwart? »Geist Gottes« sagt man und meint das Fortgerissenwerden von eigenen Emotionen, den Dammbruch aus dem Unbewußten. Lallen, Stammeln, Hüpfen oder Sich-am-Boden-Wälzen, das mag Begeisterung sein, – aber wirkt da Gottes Geist, Heiliger Geist? Paulus hat scharf herausgemeißelt: nur wer Jesus, den Gekreuzigten, »Kyrios« (Herr und Gott) nennen kann, dem hat Gottes Geist Augen und Lippen geöffnet (1. Kor 12,1-3). Nicht der Rausch ist Kennzeichen göttlicher »Begeisterung«, sondern der Glaube an den für uns gekreuzigten Herrn. – Eine grundlegende theologische Aussage, – wie kann sie in einem Kunstwerk anschaulich und unübersehbar Gestalt annehmen? Wie kann man sie »mit den Augen hören«? Da hilft der dritte Einfall: wieder fallen Aussage und Gestaltung zwingend in eins: das *Kreuz* bildet den Grundriß des Ganzen! Das Kreuz (gemeint ist: der Gekreuzigte selbst!) gibt den Rahmen. Nur in Ihm besteht, was gültig ist. Pfingsten will in das Kreuz eingezeichnet sein. So schuf Karl Hemmeter – ein *Pfingst-Kreuz,* etwas Neues in der Kunstgeschichte! Nicht unsere Glücksempfindungen, nicht unsere Freudenschreie, nicht die Parole »High-Sein« dürfen regieren, sondern allein der Name Jesus. *Pfingsttheologie ist Kreuzestheologie.* Wer den geschmähten und geschändeten Jesus anbeten kann: »Wie Du am verhöhnt'sten, bist Du mir am schönsten«, wer seinen kleinen privaten Namen vergessen lernt und nur noch Christ heißen will, der ist von Gottes Geist angezündet. Das ist Pfingsten!

Die Entfaltung: Christ und Gemeinde

»Die Bitte um den Heiligen Geist wird von Gott mit Einfällen beantwortet«, sagt der Prediger Rudolf Bohren. Die drei grundlegenden Einfälle, die drei tragenden Bildideen, ins Eichenholz geprägt, haben die Kraft, auch uns Grundlegendes zum Thema Heiliger Geist und Gemeinde einzuprägen. Setzen wir uns dieser »Imprägnierung« aus!

Der Christ – brennende Kerze

Der Künstler legt Wert darauf, daß die zwei brennenden Altarkerzen ins Bild hineinragen, die Aussage beleuchten: jede Kerze hat ihr Wesen darin, daß sie sich im Brennen, im Leuchten und Wärmen, verzehrt.

Könnte eine Kerze das Brennen verweigern, hätte sie damit ihre Bestimmung verraten. Wir Menschen haben – der Kerze gleich – den Sinn unseres Lebens in der Hingabe, im Uns-Verzehren zur Ehre Gottes und zum Wohl der Brüder. Wer sich schonen, »konservieren« will, zerstört eben damit sein Wesen. »Wer sein Leben erhalten will«, sagt Jesus, »der wird's verlieren. Wer aber sein Leben verliert um meinetwillen, der wird's finden« (Mk 8,35). Wer nicht brennt, ist tot. Selbsterhaltung ist Selbstverlust. Das ist Pfingstweisheit!

Ins Kreuz hineingegraben

Die entflammten Menschen und das Kreuz gehören zusammen. Sie sind nicht etwa auf die Grundfläche aufgesetzt, angeleimt oder festgenagelt (wie gelegentlich Besucher vermuten). Sie sind aus dem Holz des Kreuzes herausgemeißelt, genauer – wie es die Technik des Reliefs erfordert – *hineingegraben.* Da wird das »In-Christus-Sein«, von dem Paulus kündet, das »Hineingetaucht-Werden in Christi Tod und Leben« (Röm 6) unmittelbar anschaulich, mit den Händen greifbar. Christen sind durch den Geist Gottes in den gekreuzigten und auferweckten Herrn »eingeleibt«, in seine Person, seine Geschichte, seine Wirklichkeit »inkorporiert«. Was ist Pfingsten, Taufe, Wiedergeburt, Bekehrung anderes als dies: von allen Seiten umschließt uns der lebendige Herr, macht uns zu seinem Leib, zum Organ seines Handelns! Wer diese Menschen vom Kreuz oder dieses Kreuz von den Menschen scheiden wollte, müßte schon beide zerstören. Untrennbar eins sind sie!

Dreiecksbeziehung

Was verbindet diese brennenden Menschen? Steht nicht jeder seltsam isoliert? In der Tat: wenn hier die *Eros-Liebe* anschaulich werden sollte, die Begeisterung aneinander, dann müßten die Menschen sich zueinander drängen, sich in die Arme schließen, sich verzückt umschlingen. – Auch das Thema *Freundschaft* ließe ein anderes Bild erwarten: eine Kette etwa, Menschen, die sich die Hand zum Bund reichen, einen Kreis miteinander bilden. Doch hier geht's nicht um einen Verein, sondern um Gottes Volk, um die Pfingstgemeinde, um die *Agape-Liebe*. Und da gilt nicht das unmittelbare Zueinander von Ich und Du, sondern die durch den Dritten (den Ersten!) vermittelte Beziehung, die *Dreiecksverbindung*. So horchen und schauen alle in dieselbe Richtung, richten alle miteinander den Blick auf Gottes Sonne. »Lieben«, sagt ein schönes Wort von Saint Exupéry, »heißt nicht, sich gegenseitig anschauen, sondern auf dasselbe Ziel blicken.« Und umgekehrt: die Strahlen der Sonne umfangen alle, verknüpfen den Flügelmann ganz rechts mit dem ganz links. Nicht der direkte Weg zueinander ist für die Gemeinde kennzeichnend, sondern der Umweg über die Mitte. Schlimm, wenn in der Gemeinde Jesu Sympathie und Antipathie den Ton angeben, das Gesetz von Anziehen und Abstoßen regiert! Schlimm, wenn dabei Cliquen entstehen, die – in sich geschlossen – sich gegeneinander abschließen, den Fremden ausschließen. Nicht die spontane Freude aneinander verbindet uns (das ist freundliche Zugabe), sondern der Herr in der Mitte.

Brüder und Schwestern heißen Christen, weil sie denselben Vater haben. Den Geliebten suche ich, den Freund wähle ich mir; der Bruder wird mir zugewiesen. Eros-Liebe wählt selbstherrlich, Agape-Liebe bejaht gehorsam Gottes Wahl. So ist Bruderschaft »Schicksalsgemeinschaft«: Gott schickt mir den andern, weist mich an ihn. Via Christus gehören wir zueinander, via Christus freuen wir uns aneinander, via Christus leiden wir miteinander, via Christus ertragen wir uns wechselseitig. Der nächste Weg zum Bruder aber ist stets der »Umweg« der Fürbitte.

Alle gleichwertig – jeder ein Original

Alle »Kerzenmenschen« tragen das gleiche Kleid. Da steht das weiße Taufgewand der frühen Christenheit vor uns und mit ihm das Pauluswort: »Hier ist nicht Jude noch Grieche, nicht Sklave noch Freier, nicht Mann noch Frau« (Gal 3,28). Die tiefgreifenden Unterschiede dieser Welt – religiöse, soziale, biologische – sind überholt, alle Trennungsmauern niedergerissen. Hier gilt nicht schwarz noch weiß, nicht begabt noch unbegabt, nicht gebildet noch ungebildet, nicht gesund noch krank, nicht alt noch jung! »Denn ihr alle, die ihr auf Christus getauft seid, habt Christus angezogen« (Gal 3,27). – Die alten Rang- und Wertmaßstäbe sind zerbrochen. Wehe, wenn die Gemeinde sie wieder aufrichten wollte! Solche Restauration wäre böse, teuflische Reaktion! – Alle von gleichem Wert! Das bedeutet niemals: alle gleich genormt, gleich gestanzt, gleichgeschaltet. Der Geist Gottes schafft nicht die langweilige Uniform, nicht das Klischee, nicht das Kollektiv, in dem der einzelne verschwindet. Wer genau hinschaut, entdeckt, daß jeder dieser »Kerzenmenschen« persönliche, individuelle Züge trägt (Hände, Gesichter). Der eine Leib Christi hat viele Glieder. Jenseits von Individualismus und Kollektivismus, von Einzelgängertum und Herdentrieb lebt hier ergänzende Fülle, Einheit und Vielfalt zugleich. In der Gemeinde Jesu gibt es niemand, der alle Gaben hätte, und niemand, dem kein Talent anvertraut wäre. Darum ist niemand so reich, daß er den Bruder nicht brauchte, und niemand so arm, daß er nichts weiterschenken könnte.

Gottes Ökumene

Warum zählen wir 13 Gestalten? Vordergründig lautet die Antwort: zu den zwölf Aposteln ist Maria getreten (Apg 1,14). Freilich steht sie nicht im Mittelpunkt – wie in vielen frühen (katholischen) Pfingstbildern. Sie ist nicht Symbol, nicht Inbegriff der Gemeinde. Sie ist zur Seite gerückt, steht an den Lieblingsjünger gelehnt (Joh 19,26-27): die Mutter wird hier »Tochter«; die den Heiland gebar, wird nun selbst in den Leib Christi eingefügt. – Warum 13 Gestalten? Hintergründig wird ausgesagt: Die 13 ist eine unabgeschlossene offene Zahl. Wenn 13 Christen, warum nicht 17 oder 300 oder 144 000? Die Gemeinde ist die Schar, die niemand zählen kann (Offb 7,9). Jeder ist willkommen! Das Kreuz bildet den Grundriß, ist das Maß aller Dinge. Das Kreuz bezeichnet die vier Himmelsrichtungen, greift aus nach Ost und West, nach Nord und Süd. Von überall kommen Menschen, für alle ist Raum. So ist die Pfingstgemeinde Gottes Ökumene (wörtlich: Menschheit), ist Vorhut der neuen Welt. »Ich glaube an *die* heilige christliche Kirche«, die *eine*, die quer durch alle »Kirchentümer« und Organisationen geht, die bleiben wird, wenn in der Ewigkeit alle Konfessionen vergessen sind.

Zur Sendung gesammelt

Still ist das Bild, es lädt zum Schauen und Nachdenken ein. Gelegentlich empfindet ein Betrachter es als zu starr, zu statisch; ihm fehlt die Aktion. Wer jedoch länger hinschaut, bekommt den Eindruck: diese Menschen geraten in Bewegung. Von links und rechts schreiten sie auf die Mitte zu, formieren sich zu einem Zug, bilden eine »Prozession«, die hinauszieht ins Weite. – Jeden Morgen treffen sich in der Kapelle die *Missionsschüler*, jeden Morgen fällt ihr Blick auf das Pfingstkreuz. In den Gestalten dort finden sie den eigenen Weg: sind sie doch selbst solche, die von Gottes Geist entflammt, für den gekreuzigten Herrn entzündet, dabei oft aus ihrem Beruf herausgeholt wurden. Im gemeinsamen Beten und Studieren, im Miteinander-Leben und Arbeiten richtet sich der Blick auf die eine Mitte. Durch die Strahlen der einen Sonne wissen sie sich verbunden und hören den *Missions*befehl: »Gehet hin in alle Welt!«

Unter dem Wort

Wie die Kerzen auf dem Altar, so gehört auch die aufgeschlagene Bibel zum Pfingstkreuz hinzu. An dieses

Buch und seine Botschaft hat sich der Heilige Geist gebunden, mag es sich auch in Papier und Druckerschwärze von anderen Büchern nicht unterscheiden. Gottes Geist ereignet sich nicht – wie Schwärmer träumen – in reiner Unmittelbarkeit »senkrecht von oben«, er entflammt nicht als »das innere Licht« in den Tiefen unseres Gemüts, *Geist* und *Wort Gottes* gehören zuhauf. Von außen, durchs Ohr redet er uns an, holt uns aus unserer Ichverkrampfung heraus und in Christus hinein. *Unter* diesem Wort, zu seinen Füßen, hat die Gemeinde ihren Platz, hörend, horchend, gehorchend. Sie steht nicht *neben* dem Wort, als wäre dies eine Stimme unter anderen, auch nicht *auf* dem Wort wie auf einem ideologischen Programm, erst recht nicht *über* dem Wort, um nach Belieben darüber zu verfügen. – Diese Gemeinde unter dem Wort hat ihr Leben von dem dreieinigen Gott, dem *Vater,* auf den Wolke und Sonne weisen, dem *Sohn,* dessen Kreuz Fundament und »Grundriß« gibt, dem *Heiligen Geist,* der kalte Menschen entzündet, sie in leuchtende Kerzen verwandelt.

In Christus neues Leben

Der ganze Mensch war voll Gesang

zu Johannes 1,1-18

Christen sind Menschen, die singen. Auch in der Bibel wird gesungen. Dabei meine ich nicht nur die Psalmen. Lesen Sie einmal den Beginn des Johannesevangeliums. Das ist ein urchristliches Lied: »Am Anfang war das Wort. Und das Wort war bei Gott, und Gott war das Wort ... Und wir sahen seine Herrlichkeit ...«

Das Lied beginnt ganz »vorn«, es reicht bis in die Ewigkeit, und von dort kommt es wie eine Art Pfeil zu uns. Da stehen am Ende nämlich Leute, die sagen »wir« – »wir sahen seine Herrlichkeit«. (vgl. Joh 1,14)

Das Lied möchte uns zum Mitsingen einladen. Dazu drei Fragen: *Wer singt denn da? Wovon singen sie denn? Und: Wer darf mitsingen?*

Wer singt da?

Offenbar sind das nicht einfach alle Menschen, sondern Leute, die sagen: »Wir« – »Wir sahen seine Herrlichkeit«. Und diese Menschen bekommen einen besonderen Ehrentitel in diesem Lied. Denn da steht: »Sie bekamen Macht, *Gottes Kinder* zu werden.«

Gottes Kinder machen den Mund auf und fangen

an zu singen. Was mögen das für Leute sein, diese »Kinder Gottes«?

In diesem Lied im Johannesevangelium heißt es über die Kinder Gottes dreimal: *»So nicht«* (V. 13). Da steht: »Sie sind nicht aus dem Blut«, und dann: »nicht aus dem Willen des Fleisches«, und weiter: »nicht aus dem Willen des Mannes geboren« – »sondern aus Gott«. Also dreimal »so nicht«. Wer also singt da?

Was heißt das erste »So nicht«? Gottes Kinder sind nicht »aus dem Blut geboren«. Gemeint ist das Blut der Mutter und das Blut des Vaters. Modern gesprochen müßte man von »Erbanlagen« reden. Für die Biologie heute eine faszinierende Sache: die Wissenschaft von den Genen, von den Erbfaktoren, den Erbträgern. Wir haben alle damit zu tun. Das beginnt schon bei dem kleinen Baby, das man im Kinderwagen sieht und sagt: »Oh, ganz der Papa!« Oder wenn wir alte Familienfotos sehen und sie mit unseren Ehepartnern, Söhnen, Töchtern vergleichen, fallen uns Ähnlichkeiten auf. An dem Grundmuster unseres Lebens haben sozusagen Generationen von Vorfahren mitgewoben. Dazu gehören auch die Begabungen.

In Thüringen nannte man alle Kirchenmusiker »Bache«. Und unter diesen Bachen gab es einen »Mount Everest«, in dem die ganze Erbbegabung ihren Höhepunkt fand: Johannes Sebastian Bach.

Auch Dunkles kann in der Erbmasse liegen. Wenn ein Mensch statt 46 Chromosomen 47 hat, wird das Kind als mongoloid zur Welt kommen. Die Bluterkrankheit hat ebenfalls ihre Erbfolge.

Die Biologen beschäftigen sich heute mit der Frage, ob man diese Erbträger, diese Gene manipulieren, verändern könnte. Ob man durch Gentechnologie, Genmanipulation neue Wesen schaffen könnte. Davor möge Gott uns behüten! Selbst wenn dahinter die gute Absicht steht, Erbkrankheiten auszumerzen.

Aber nun heißt es in diesem Lied im Johannesevangelium: »So nicht!« Gottes Kinder kommen *nicht aus der Erbmasse der Vorfahren.* Gottes Kinder sind nicht zu züchten. Bei Gottes Kindern gibt es nie eine zweite Generation. Sie sind immer wieder Kinder, nicht Enkelkinder. Die Juden sagten einmal zu Jesus: »Abraham ist doch unser Vater, – was haben wir für einen großartigen Stammbaum!« Und was bekamen sie zu hören? »Gott kann aus diesen Steinen Menschen erwecken!« Also Gottes Kinder sind nicht Produkte der Erbmasse. »So nicht.«

Dann ein zweites »So nicht«. Gottes Kinder kommen nicht aus dem »Willen des Fleisches«. Wenn man das modern übersetzte, müßte man vom »Trieb« reden. Sigmund Freud sprach von der Libido, der Begierde. Gemeint sind Eros und Sexus. Gedacht ist an die geheimnisvolle Macht, die durch die menschliche Welt geht – und genauso durch die tierische –, dieser Drang der Männer zu den Frauen und der Frauen zu den Männern, jener Drang, sich zu vereinigen, der Wille des Fleisches. Und wieder heißt es hier: »So nicht«.

Keiner von uns würde leben, wenn es das nicht gegeben hätte, dieses Zueinander unseres Vaters zu unserer Mutter und unserer Mutter zu unserem Vater. Aber Gottes Kinder sind nicht Produkt der geschlechtlichen Lust. Sie stammen *nicht einfach aus dem vitalen*

Trieb, aus den Hormonen, die drängen. Gottes Kinder sind etwas anderes. »So nicht«.

Und nun hören wir ein drittes Mal: »So nicht«. Nicht »aus dem Willen des Mannes«. Da ist vom Menschen die Rede. Beim Menschen gibt es so etwas wie einen bewußten »Willen zum Kind«. In Königshäusern wartet man auf den Erbfolger, den Kronprinzen. Oder der Chef einer Firma wünscht sich den Erben, einen Sohn oder eine Tochter. Es ist auch ganz normal, daß sich die Eltern in ihren Kindern wiederfinden möchten. Und doch wird es gefährlich, wenn sich Vater und Mutter in den Kindern verwirklichen wollen, ihre Träume in ihnen gestalten möchten. Wenn dann die Kinder andere Wege gehen, kommt es oft zu Enttäuschungen und harten Auseinandersetzungen.

Hier aber heißt es wiederum: »So nicht.« Gottes Kinder sind *nicht »Produkte«*. Sie entstehen nicht dadurch, daß Menschen Kinder wollen und sich um die Erziehung der Kinder mühen.

Was sind das also für seltsame Wesen, von denen es dreimal heißt: »So nicht«? Nicht aus Erbmasse, den Erbanlagen – nicht aus dem Zueinander der Geschlechter – nicht aus dem Willen zum Kind, der Erziehung. Was sind das für Leute, von denen unmißverständlich gesagt wird: »So nicht«?

»Sie sind *aus Gott geboren*.« Offenbar kommen sie aus einer ganz anderen Dimension, die mit unserer biologischen Geburt nichts zu tun hat. Gottes Kind, wie kann man das werden? Offensichtlich nur durch eine zweite Geburt.

Es gibt Menschen, die können zwei Geburtstage nennen. Ein Afrikaner wurde einmal gefragt: »Wie alt bist du?« Darauf antwortete er: »Zwei Jahre.« Dabei hatte er ein ganz faltiges, runzliges Gesicht, nur noch wenige Zähne und ein paar schlohweiße Haarsträhnen. Warum sagte er: »Ich bin zwei Jahre alt«? Sein biologisches Alter kannte er gar nicht. »Aber vor zwei Jahren«, so berichtete er, »da bin ich geboren worden. Da ist mir Jesus Christus begegnet, und ich bin in das Licht Gottes gestellt worden. Seither lebe ich.«

Kinder Gottes, die dieses Lied anstimmen, das im Johannesevangelium aufgeschrieben ist, die sind ein ganz neues Geschlecht. Sie sind eine ganz neue Art von Menschen, sie haben einen neuen Ursprung: »von oben«.

Ob einer sich für die Kinder Gottes interessiert? Ob einer sagt: »Ich gehöre auch dazu?« Ob einer sagt: »Ich würde gerne zu dieser Gruppe stoßen?« Wenn ja, dann stellen wir uns die zweite Frage.

Wovon singen sie?

Sie singen *die Geschichte ihrer Herkunft*. Als die Mauer in Berlin gefallen war, gab es eine bemerkenswerte Veranstaltung in der Berliner Philharmonie. Die Berliner Philharmoniker gaben ein kostbares Konzert für die Freunde aus der ehemaligen DDR. Der berühmte amerikanische Dirigent Leonard Bernstein war gekommen, dazu internationale Solisten und ein großer Chor. Sie spielten Beethovens IX. Sinfonie. Und diese Sinfonie endet mit der großen Hymne an die Freude: »Freude, schöner Götterfunken«. Aber man hatte den Text geändert und sang dort in Berlin: »Freiheit, schöner Götterfunken«. Was für ein Jubel von Freude und Freiheit!

Davon ist auch in diesem Lied im Johannesevangelium die Rede. Aber hier geht es noch um mehr. Es geht um *Licht* und *Leben.* Die erste Strophe wird ganz hoch angestimmt. Kein Sopran würde diese Höhe erreichen, denn sie beginnt *oben in der Ewigkeit.* Was für geheimnisvolle Worte sind das: »Im Anfang war das Wort. Und das Wort war bei Gott.« Man muß sich den Evangelisten Johannes dabei vorstellen. Er hat das Alte Testament auf den Knien und das erste Blatt aufgeschlagen, und da steht: »Am Anfang schuf Gott Himmel und Erde«. Und dann ist von Finsternis die Rede und von Licht. Und jetzt weiß dieser Evangelist Johannes, erleuchtet von dem Glauben an die Herrlichkeit Gottes, daß man das alles noch einmal neu sagen muß. Nicht nur: »Am Anfang schuf Gott«, sondern: »Im Anfang war das Wort«. Das lebendige Wort war »vor« aller Zeit, »über« dem Raum, ist Grund aller Schöpfung. Dieses »das Wort« ist so etwas wie ein Deckname, ein Stellvertreter für einen anderen Namen, nämlich für den Namen Jesus. Er heißt deshalb »das Wort«, weil in ihm Gott sich aussprechen möchte, sein Herz ausschütten in diesem seinem Sohn.

Ewigkeit meint auch, daß die beiden da beieinander sind, Vater und Sohn in einem ewigen Gespräch. Ob wir eigentlich wissen, was wir sagen, wenn wir das Wort *»Ewigkeit«* aussprechen? Wir wissen doch im Grunde nichts darüber. Alles, was wir sehen und kennen, ist zeitlich und vergänglich. Einer hat es so beschrieben: Man stelle sich einen Vogel vor, der seinen Schnabel an einem Stein wetzt, der zu einem großen

Gebirgsmassiv gehört. Dieser Vogel kommt nur alle tausend Jahre einmal. Und wenn er dann eines Tages das gesamte Bergmassiv mit seinem Schnabel abgewetzt hat, dann – ist nur eine Sekunde der Ewigkeit vergangen!

Das ist zwar ein imponierendes Beispiel, aber es ist sicher falsch. Denn Ewigkeit ist nicht unendlich viel Zeit, sondern Ewigkeit ist die Kraft Gottes, Zeit überhaupt erst zu schaffen. Ewigkeit ist der Grund aller Zeiten, ewig ist letztlich allein Gott selbst.

Und nun geschieht etwas Eigenartiges. Diese Ewigkeit vor aller Zeit, über allem Raum, die greift nach uns. Da, wo wir den Namen Jesus ausrufen, bricht die Ewigkeit in unsere Zeit hinein. Wenn wir also »Herr Jesus« sagen, dann ist Ewigkeit. Das ist die *erste Strophe,* ganz hoch angestimmt (V. 1-2).

Und dann die *zweite Strophe* (V. 3-4). Sie schwingt weit, weit aus. Eine unendliche Melodie. Da geht es um die Schöpfung des Alls. »Alles ist durch ihn geworden. Ohne ihn ist nichts geworden.« Der große Philosoph Leibniz hat einmal die Frage gestellt: »Warum gibt es überhaupt etwas und warum gibt es nicht nichts?« Das ist eine typische Philosophenfrage! Warum gibt es dieses Land, diesen blauen Planeten, das ganze Weltall? Warum gibt es etwas? Und warum gibt es nicht nichts? Die Naturwissenschaften setzen immer schon voraus, daß etwas da ist. Weil es Pflanzen gibt, darum gibt es Botaniker. Weil es Tiere gibt, darum gibt es Zoologen. Aber warum gibt es überhaupt etwas? Warum Sie und mich?

Die Philosophie kann diese Frage nur stellen. In diesem Lobgesang aber wird sie beantwortet: Es gibt etwas, weil ER es – und das meint alles – gegeben hat. Weil aus der Hand Jesu im Namen des Vaters diese Welt geschaffen wurde. Weil er zu uns »ja« gesagt hat. Wenn ich das weiß, dann darf ich mich freuen. Ich bin also kein Zufallsprodukt, sondern es gibt mich, weil Gott meinen Namen in Ewigkeit gedacht hat. Ich verdanke meine Existenz nicht irgendeinem »Unglück«, sondern er hat mich gewollt. Und genauso darf ich wissen, daß die ganze Welt nicht im Chaos endet. Denn »er sitzt im Regimente«!

Der Theologe Adolf Schlatter hat gesagt: »Es gibt ein Evangelium der Schöpfung.« Nicht nur ein Evangelium von der Errettung! Ich darf mich freuen, daß Gott mich geschaffen hat, »daß ich bin, bin und daß ich dich, schön menschlich Antlitz, habe« (Matthias Claudius). Gott hat Leben gewollt.

Und jetzt heißt es in unserem Text: Wir haben nicht nur Leben, sondern auch Licht. Damit sind nicht Sonne, Mond und Sterne gemeint, auch nicht irgendwelche Lampen, sondern daß alles, was Gott geschaffen hat, von innen her leuchten möge, daß es wie ein Transparent erscheint, durchstrahlt von der Herrlichkeit Jesu Christi. Alles physikalische Licht – Sonnen, Monde, Laternen – gibt es nur, weil ER das Licht ist.

Darum die zweite Strophe – weitschwingend: Gott schafft die Welt und möchte, daß sein Licht darin ist.

Und jetzt klingt die *dritte Strophe* (V. 5) auf, merkwürdig schrill und dissonant. Da ist plötzlich die Rede von der *Finsternis*. Wo kommt sie her, wenn Gott alles gut geschaffen hat? Gemeint ist die Macht des Bösen, die Macht, die Gott widerspricht. Auch diese Macht des Bösen muß ja irgendwo und irgendwie aus Gottes Hand kommen. Auch der Satan ist von Hause aus »Lucifer«, ein Lichtträger.

Aber nun geschieht ein eigenartiger, unbegreiflicher *Bruch:* dieser »Lucifer« möchte nicht im Licht Gottes stehen. Er möchte selber Gott sein. Das Licht will er sein und wird zur *Finsternis.*

Aber Finsternis ist eigentlich nichts. Finsternis ist nur das Wegsein von Licht. Finsternis hat keine eigene Qualität. Sie entsteht nur, wenn man dem Licht gegenüber eine Barriere schafft, wenn man das Licht abschirmt. Der Satan hat aus sich selber überhaupt nichts. Die Finsternis lebt im Grunde nur davon, daß sie »nein« sagt zum Licht. Die satanische Macht ist nichts als Reaktion. Der Teufel ist ein Reaktionär, ein Affe und Imitator – sonst nichts. Und trotzdem hat er »groß Macht und viel List«.

Aber nun steht in unserem Text etwas Erregendes: »Die Finsternis hat's nicht begriffen.« Gemeint ist: Die Finsternis hat das Licht nicht »in den Griff« bekommen, sie hat das Licht nicht auslöschen können. Indem das Böse in die Welt hineinbricht, kapituliert Gott keineswegs, sondern sagt: »Nun erst recht!«

Und nun ertönt die *vierte Strophe,* (V. 9-14) die von der Menschwerdung Gottes redet. Da kommt der Ton von oben nach ganz unten: »Und das Wort ward Fleisch.«

»Fleisch« wurde das ewige Wort. »Fleisch« (hebr. »basar«, griech. »sarx«) ist kein vornehmes, sondern ein grobes, höchst derbes Wort. Das ewige Wort wurde Mensch nicht unter den idealen Bedingungen des Paradieses, sondern in unserer Welt »jenseits von

Erden«. »Fleisch schließt Versuchlichkeit ein und Sterblichkeit: »Er wurde gehorsam bis zum Tode, ja, bis zum Tode am Kreuz« (Phil 2). Mit der Fleischwerdung« beginnt die Passionsgeschichte. Gott sucht uns in dieser gefallenen Welt auf, und zwar an der allertiefsten Stelle, auf der untersten Sohle: »bis zum Tode am Kreuz«. – Für die Römer war das Kreuz (lat. »crux«) ein Wort, das man tabuisierte. »Nie soll das Wort ›crux‹ die Ohren eines römischen Bürgers beleidigen«, sagt der Philosoph Cicero. Es war einfach unanständig. Andere in der römischen Welt überlegten, ob man nicht den Buchstaben »T« aus dem Alphabet streichen solle, er erinnere so peinlich an das Kreuz. An keiner Stelle in der antiken Literatur finden wir eine ausführliche Schilderung einer Kreuzigung; die Feder eines gebildeten Autors sträubte sich dagegen. Diese furchtbarste Todesart konnte man auf keinen Menschen anwenden, – nur auf entlaufene Sklaven oder Staatsverräter (nicht Menschen, – Ratten und Ungeziefer waren die!). Einem Gekreuzigten wurde also die Menschenwürde, das Menschsein abgesprochen; er stand noch unter dem Vieh. So wurde das ewige Wort »Fleisch« – geradezu im Bodenlosen! – Für die *Juden* war die Kreuzigung nicht weniger ungeheuer: Wurde jemand so hingerichtet, dann war das ein sicheres Zeichen dafür: Den hat Gott verflucht, der ist von der allerhöchsten und allerletzten Instanz verdammt worden (5. Mose 21,23). Darum wurde Saul von Tarsus zum blutgierigen »Großinquisitor«, weil da Menschen behaupteten, Gott habe diesen Gekreuzigten (also Gottverfluchten) auferweckt und zum Messias, zum Kyrios erhöht (Gal 3,13). – Noch einmal: Wenn Gott für die »Fleischwerdung« des ewigen Wortes den Platz wählen wollte, bei dem es kein »Darunter« mehr gab (den des »Nicht-mehr-Menschen«, den des »Gottverfluchten«), dann konnte er keinen »passenderen« wählen als den des Kreuzes. All das ist schon eingeschlossen in der Aussage: *»Fleisch«* wurde das Wort.

Das ist das ganze Evangelium. Jesus hat »ja« gesagt. Er hat den Weg gewählt bis ins Fleisch, bis in Not und Sterben hinein. Das ist Weihnachten und Karfreitag und Ostern und Himmelfahrt – alles zusammen. Er hat »ja« zu uns gesagt.

Deshalb ist die *letzte Strophe* (V. 14) ein Jubelschrei. Wir dürfen dabeisein! Kinder Gottes werden so geboren, daß aus der Ewigkeit der Sohn zu uns kommt. Ewig weit ist es mit uns her, und ewig weit wird es mit uns hin sein – bis in das ewige Leben.

Wer darf mitsingen?

Das ist unsere dritte Frage. Haben Sie Lust mitzusingen? Darf ich Sie einladen? Darf ich Sie werben? Vielleicht sagen Sie: »Was muß ich mitbringen? Muß ich musikalisch sein, taktfest, den Rhythmus einhalten? Muß ich eine helle, schöne Stimme haben? Welche Gaben und Qualitäten werden von mir erwartet?« Antwort: Nichts von alledem. Dann wären wir ja wieder bei dem, was aus dem Fleisch und aus dem Willen des Mannes, aus den Erbanlagen und unseren Leistungen geboren wird.

»Wir sahen seine Herrlichkeit, *voller Gnade.*« Um »Gnade« geht's! Gnade ist nichts als Geschenk. In diesen jubelnden Chor kommt man, ohne eine Leistung zu erbringen. Umsonst! Da wird nicht nach dem Vorher gefragt. Die Vergangenheit ist völlig uninteressant. Wir dürfen in diesen Chor treten, in das Licht, und sagen: »Herr Jesus, in mir ist es finster, aber laß doch bitte dein Licht hineinströmen.« Und plötzlich werden unsere Augen licht und können sehen. Und wer sieht, der darf singen. Und wer singt, der darf andere mit einladen.

Vor acht Jahren starb mein Vater, 91 Jahre alt. Er war ein ausgesprochen unmusikalischer Mensch. Man hätte ihn weder für einen Chor werben können noch für einen Gesangverein. Er konnte keine Melodie halten. Aber das Komische war: er sang den ganzen Tag. Ob er durch den Flur ging oder die Treppe hinunter oder hinauf, ständig sang und summte er. Wenn es falsch klang, das störte ihn nicht. Er war voll von Jesusliedern. Der ganze »Nichtsänger« war voll von Musik und Gesang. Das eine Lied war sein Thema: Jesus Christus, das Licht der Welt.

Und nun möchte ich Sie einladen. Singen Sie mit den Menschen, die einen neuen Anfang haben von Gott her! Singen Sie das Lied der ewig weiten Geschichte, wie Gott sich aufgemacht hat, um uns abzuholen! Es darf jeder mitsingen, das Lied von Freude und Freiheit, das Lied von Licht und Leben, das Lied mit der Melodie der Ewigkeit, das Jesus-Christus-Lied. Singen Sie mit!

Leben Sie schon?

Mit Blaulicht und Krankenwagen zur Kinderklinik. Dort ist im OP schon alles vorbereitet. Höchste Eile ist geboten, um das Leben des Neugeborenen zu retten. Der Rhesus-Faktor im Blut von Vater und Mutter war unterschiedlich. Nun ist die gefährliche Unverträglichkeitsreaktion eingetreten:
Im Körper des Babys ballen sich die Blutkörperchen zusammen, die tödliche Gelbsucht zeigt sich. Da hilft nur eins: das zerstörte Blut wird völlig abgepumpt, gesundes Blut aus der Konserve infundiert.

Völliger Blutaustausch – das ist in der Tat eine Radikalkur! Doch unvergleichlich radikaler ist der Satz, den Jesus beim nächtlichen Zwiegespräch dem Nikodemus zumutet: »Es sei denn, daß jemand von neuem geboren werde ...« (Joh 3,3) – *Neue Geburt,* das ist mehr als ein paar Liter neues Blut, das zielt auf einen völlig neuen Lebensursprung, ein ganz neues Wesen. Neue Geburt ist *Austausch der ganzen Existenz.*

Im griechischen Grundtext steht wörtlich *»anothen* geboren werden«. Diese Vokabel hat einen seltsamen Doppelklang: man kann übersetzen: »noch einmal (ein zweites Mal) geboren werden«. So versteht es Nikodemus und schüttelt fassungslos sein Gelehrtenhaupt: Wie sollte ich Greis noch einmal als Embryo in den Mutterschoß zurückkehren können? Verlockend ist die Melodie schon: »Man müßte nochmal zwanzig sein!« Doch das ist unmöglich, unsinnig, absurd. – Die Vokabel »anothen« kann aber auch bedeuten: »von *oben* her – aus einer ganz anderen Wirklichkeit heraus – geboren werden«. So meint es Jesus zweifellos (vgl. Joh 3,31; 8,23; 19,11). Geburt aus Gott, Geburt senkrecht von oben – weniger ist nichts! »Was vom Fleisch (= von unten) geboren wird, das ist Fleisch, was vom Geist geboren wird, das ist Geist!« (Joh 3,6). Ist das nicht erst recht ein absurdes Wort? Wenn uns schon ein Rückspulen der Zeit, eine Rückkehr zu unserem biologischen Ursprung unmöglich ist, dann liegt doch eine Geburt aus Gottes Welt erst recht jenseits unserer Reichweite.

Ja, Jesu Wort ist schonungslos scharf: es zersetzt alle Versuche, den neuen Menschen »von unten her« aus Menschenweisheit und Menschenwitz zu produzieren. Es ist nichts mit der roten Fahne des Revolutionärs, nichts mit dem weißen Kittel des Genetikers, nichts mit der Couch des Psychiaters, nichts mit der transzendentalen Meditation und dem Mantramurmeln, nichts mit gruppendynamischen Mühen um Selbstfindung, nichts mit pädagogischer Arbeit an der Bewußtseinsveränderung. Man mag einen Esel streicheln oder prügeln, – nie wird er Goldstücke ausspucken. »Was vom Fleisch geboren ist, ist und bleibt Fleisch.«

Doch zugleich ist Jesu Wort voll von grenzenlosem Erbarmen. Das uns völlig Undenkbare, – Er will es tun. Den neuen Ursprung, Leben von Gottes Leben, – Er will es in uns schaffen. Eben dazu wurde doch das Wort »Fleisch« (Joh 1,14). Nun soll das »Fleisch« an Gottes Art Anteil bekommen. *Kinder Gottes* sollen wir werden. »Was vom Geist geboren ist, das ist Geist.«

Wir merken: Wenn wir das uns so geläufige Wort »Wieder-geburt« nachbuchstabieren, dann gilt es aufzupassen. Das »Wieder« hat rein gar nichts zu tun mit einer Neuauflage des Alten, mit einem Neudruck, der nur Nachdruck wäre. Es geht nicht um ein »Noch einmal«, es geht um das »Ganz neu«! Von »Wiederholung« kann nur so gesprochen werden, daß Gott uns »wieder holt«, heimholt, den Kernfaulen, den wurzelhaft Verdorbenen einen neuen Ursprung schenkt. Aus Gottes Kraft!

Mein Leben auf der Erde

Von einer neuen *Geburt* ist die Rede. Das ist ein unübertrefflich prägnantes Gleichnis. Wir heben zwei Vergleichspunkte heraus:

1. Als ich am 7. 8. 1937 zur Welt kam, da *wurde* ich geboren. Also: Ich habe mein Leben nicht geplant, nicht kühn beschlossen, die Menschheit um ein weiteres Exemplar zu vermehren. Ich bin kein selfmademan. Meine Geburt ist nicht meine stolze Leistung, sondern reines Geschenk. Das Grundlegende und Entscheidende an meinem Leben – eben das Leben selbst – habe ich empfangen. Zum Geborenwerden gehört das Passiv!

2. Jede Geburt hat eine reich gegliederte *Vor-* und *Nachgeschichte.*

Ganz am Anfang steht (normalerweise) die Liebe der Eltern zueinander und ihr Wille zum Kind, das bewußte Ja zu einem neuen Leben. – Dieser Wille zum Kind bleibt nicht Wunschtraum. Er wird konkret in Zeugung und Empfängnis, gewinnt Gestalt in der Verschmelzung von Samen und Eizelle. – Dann folgt die lange Periode der Schwangerschaft. An deren Abschluß erst steht der Akt der Geburt. Rückblickend gerate ich ins Staunen, komme mit meinem Nachsinnen nicht zu Ende, wenn ich über Eltern und Großeltern hinaus die Kette der Vorfahren bedenke, deren Anfang sich im Dunkel verliert … Die Frage: »Warum bin ich?« führt letztlich (der Philosoph Leibniz hat es formuliert) zu der Frage: »Warum ist überhaupt etwas, warum ist nicht nichts?« Wunder der Vorgeschichte einer jeden Geburt!

Mit dem Akt der Geburt geht die Vorgeschichte in die nicht weniger reiche *Nachgeschichte* über: die Geburt gleicht ja nicht einem Punkt, sondern einem Doppelpunkt. Wie traurig, wenn ein Kind zwar den Mutterschoß verläßt, aber nicht zu atmen beginnt, wie schmerzlich solch eine Totgeburt! Welche Freude, wenn das Baby mit dem ersten Schrei erstmalig die eigenen Lungen betätigt und so (wenn auch noch unbewußt) das eigene Leben ergreift. Passiv und Aktiv berühren sich hier! – Jetzt geht es ums Wachsen. Die Zellteilung, die im Mutterleib begann, setzt sich fort.

Das Laufenlernen beginnt, das Sprechen. Bald wird der Weg der Ausbildung beschritten. Ein einmaliger, originaler Charakter formt sich durch mancherlei »Geburtswehen« (Trotzphase, Pubertät) hindurch. Der Mensch wird erwachsen, gelangt zu persönlicher Reife, übernimmt Verantwortung, müht sich um sinnvolle, fruchtbare Lebensgestaltung, wird Mutter oder Vater, Großmutter oder Großvater … Diese reiche Nachgeschichte endet im Sterben. Endet sie da wirklich? Oder ist dieses Sterben ein neuer Geburtsvorgang? Ein christlicher Märtyrer ruft voller Gewißheit: »Lebt wohl, ihr Toten, ich gehe ins Leben!« Geheimnisvoll unausdenklich, die Nachgeschichte einer jeden Geburt!

Was wir bei der biologischen Geburt erkannten (die reich gegliederte Struktur), wird in der Bibel benutzt als *Gleichnis* für die Geburt »von oben her«. Wir fragen: Was alles hat Gott getan, was alles tut er und wird er tun, damit aus einem »alten Adam« ein Gotteskind und Erbe des ewigen Lebens wird?

Mein Name im Himmel

»Mit dem ist es nicht weit her!« heißt eine abschätzige Redensart. Wie weit ist es mit uns Christen her? Unendlich weit! Ewig weit! Von wann datiert unsere Gotteskindschaft? Atemberaubend ist die Aussage von Epheser 1,4 und 5: »Denn in ihm hat er mich erwählt, ehe der Welt Grund gelegt war; ... in seiner Liebe hat er uns dazu vorherbestimmt, seine Kinder zu sein.« Diese Perspektive sprengt all unsere Vorstellungen. Das Denken begreift nichts, nur die Anbetung nähert sich dem Geheimnis. »Vor Grundlegung der Welt«, bevor Milchstraßen, Sonnensysteme, Astralnebel wurden, bevor der Ruf erklang: »Es werde Licht!« – vor aller Zeit also hat Gott Sie und mich in Herz und Sinn gefaßt. Seine Menschen, bestimmt, seine Kinder zu werden, sind der erste Schöpfungsgedanke Gottes. Darum (so müßte man Leibniz antworten) ist etwas und nicht nichts!

»In Christus« hat er uns erwählt. Im Bilde: Wenn der Vater in der Ewigkeit den Sohn anblickte, dann schaute er in ihm schon alle diejenigen, die der eine Sohn einmal zu Söhnen und Erben machen würde. Da schon stand unser Name im Himmel geschrieben. So weit ist es her mit uns – ewig weit!

Meine Schuld am Kreuz

Gottes ewiger Plan gewinnt konkrete Gestalt in Raum und Zeit. In Jesus übergreift er den Graben, die Sünde, die uns Menschen von ihm trennt. Wunder der Liebe Gottes: wir sind gottlos, ganz und gar, aber wir sind Gott nicht los, niemals. Denn er greift nach uns. Wir laufen vor ihm weg in wahnsinniger, trotziger Flucht. Aber er holt uns ein, überholt uns, wartet auf uns mit ausgebreiteten Armen. Unseren Fall, den selbstmörderischen Sturz, – der Gekreuzigte fängt ihn auf. Unsere Rebellion hat Gott nicht etwa veranlaßt, unsere Namen zu streichen. Jetzt läßt er sie sich für immer in Hände und Füße graben. Wie in der Ewigkeit vor den Augen des Vaters, so steht auf Golgatha Ihr und mein Name im Herzen des Sohnes.

Die nächste Station unserer Wiedergeburt heißt Weihnachten, Karfreitag, Ostern. In 1. Petrus 1,3 wird das betont: »Gott ... hat uns *wiedergeboren* zu einer lebendigen Hoffnung durch die *Auferstehung* Jesu Christi.« Es gibt also einen großen Geburtstag, den wir Christen alle gemeinsam haben. Unserer biologischen Geburt, aber auch unserer persönlichen Bekehrung, liegt er zeitlich und sachlich weit voraus. Da, wo der wahre Gott und wahre Mensch, der zweite Adam, Sünde und Tod besiegte, beginnt eine neue Menschheitslinie (Röm 5,12-19; 1. Kor 15,20-22).

Unsere Wiedergeburt geschah zu Karfreitag und Ostern. So weit ist es her mit uns.

Meine Selbstfindung in Christus

Aus der Ewigkeit kommt die Vorgeschichte, ihr – allerdings sehr vorläufiges! – Ziel erreicht sie, wenn der Mensch zum lebendigen, persönlichen Glauben an Jesus Christus kommt. »Bekehrung« nennen wir dies Geschehen, Umkehr.

Wer bekehrt wen? Wer ist Subjekt dabei? Die erste Antwort muß lauten: Gott bekehrt mich. Bekehrung ist *neue Geburt.* Ich mache sie nicht, sie »wider-fährt« mir. Oft in wörtlichem Sinn: mit Macht fährt Gott wider den Kurs, den wir steuern. »Ich habe mich mit Händen und Füßen gesträubt, aber Er war stärker«, bekennen wir dann. Umkehr bedeutet: Gott drehte mich herum. Zweifellos: Ich *wurde* bekehrt! Auch hier gilt: Die Gnade allein! – Aber die zweite Antwort darf nicht fehlen: Ich kehrte um, ich wandte Gott das Gesicht zu. Bekehrung ist Entscheidung, Wagnis, Tat, bewußter Akt. Niemand erfährt seine Bekehrung unter Vollnarkose oder im Tiefschlaf, niemand unter hypnotischem Zwang. – Aber wie reimt sich beides zusammen: Geburt (Passiv) und Entscheidung (Aktiv)? Keinesfalls nach dem Modell einer »Mischfinanzierung«. Gottes Zuschuß betrug 98 Prozent, doch die restlichen zwei Prozent erbrachte ich in Eigenleistung! Nein, unser Glaube beruht allein auf Gottes Kraft (1. Kor 2,5)! Alles wirkte Gott. Eben deshalb wirkte er Wollen und Vollbringen in mir. Gott löscht unser Denken, Fühlen, Wollen, unser Bewußtsein und Personsein nicht aus. Er orientiert alles neu, polt alles um.

Bekehrung ist Wiedergeburt durch Gottes lebendiges Wort (1. Petr 1,23). So wunderbar handelt Gottes wirkmächtiges Evangelium: es schaltet uns nicht aus, es schaltet uns ganz ein. Ich verliere nicht mein Selbst dabei; nein, gerade bei der Heimkehr ins Vaterhaus gelingt dem verlorenen Sohn die »Selbstfindung«.

Mein Weg der Heiligung

Ist die persönliche Bekehrung das Endziel der Wiedergeburt? Das wäre ein kümmerlicher Kurzschluß. Auch hier gilt doch: nicht Punkt, sondern Doppelpunkt. Herr Adam ist in die Freiheit gesetzt, auf die Füße gestellt, sehend gemacht. Nun wird er fröhlich vorwärts marschieren. Immer wieder spricht die Bibel – in etwas altertümlichem Deutsch – vom »neuen Wandeln«. Der Geist Gottes drängt auf die Umstellung von geistlicher Babynahrung (1. Petr 2,2) zu geistlichem Vollkornbrot (1. Kor 3,2; Hebr 5,12). Ein Halleluja über jedes »Kind in Christus«, das geboren wird. Aber Ach und Weh über jeden geistlichen Säugling im Dauerzustand. Ein böses Krankheitsbild: sich füttern lassen statt essen, lallen statt sprechen, strampeln statt laufen, sich pflegen lassen statt arbeiten – und das bei bejahrten Christen. Gottes Kinder sollen sich nicht im geistlichen Teenagerstadium verbocken, sondern heranwachsen zum »vollendeten Mann« (Eph 4,13). Nicht kindisch sollen Gottes Kinder werden, sondern mündig. Alles gesunde Leben wächst. Diesen Prozeß nennen wir »Heiligung«.

Auch die Heiligung gehört unter die große Überschrift Wiedergeburt. Ein Christ ist nie fertig, ist stets im Werden (Luther). Die Geburt von oben her ist mitten im Vollzug: das neue Leben soll plastisch werden. Das Bild Jesu will in uns Gestalt gewinnen. Die neue Gottesebenbildlichkeit soll aufleuchten (2. Kor 3,18).

Mein Platz in der Ewigkeit

Heiligung ist Wachstum! Aber die Heiligungsbäume wachsen nicht in den Himmel. Von Sündlosigkeit auf Erden faseln nur Schwärmer. Christenleben bleibt Kampf. Friede mit Gott heißt stets auch Krach mit mir selbst. »Sünder und gerecht zugleich«, mit dieser Formel beschrieb Luther den Christen. Und er konnte auf seinen Tod warten, weil dort der alte Adam (das Aas, das so gut schwimmen kann) endgültig ersäuft wird. Gott wird mit dem Alten fertig werden und das Neue ans Ziel bringen.

Der Kolosserbrief sagt: »Denn ihr seid gestorben, und euer Leben ist verborgen mit Christus in Gott« (3,3). Bei Gott ist unsere neue Existenz schon fix und fertig, unser neues Sein schon perfekt. Er schaut uns vom Ziel her an. Was wird geschehen, wenn Jesus wiederkommt?

»Wenn es offenbar wird, werden wir ihm gleich sein (das heißt, ihm als sein Ebenbild voll entsprechen), denn wir werden ihn sehen, wie er ist« (1. Joh 3,2).

Jesus spricht (Mt 19,28) auch von »Wiedergeburt« (Palingenesia), wenn er die Geburtsstunde der neuen Welt, die universale Neuschöpfung, meint. Die Wiedergeburt des einzelnen vollendet sich mit der Wiedergeburt der ganzen Gemeinde und ist eingebettet in die Wiedergeburt des Alls, in die Schöpfung des neuen Himmels und der neuen Erde.

Das Wort »Wiedergeburt« schließt so nach biblischem Verständnis den ganzen Weg ein, den Gott mit seinen Menschen geht. Von Ewigkeit zu Ewigkeit spannt sich der Bogen der Wiedergeburt. Weniger ist zu wenig.

Trotz dem alten Drachen

Voller Stolz ruft Archimedes, der Entdecker der Hebelgesetze, seinen verblüfften Zeitgenossen zu: »Gebt mir draußen im Weltall einen festen Punkt, auf dem ich stehen kann, und ich will die Welt aus den Angeln heben!« Richtig, großer Archimedes, totale Systemveränderung kann nur von außen bewirkt werden! – Leider gab man ihm den ersehnten Standort nicht. So blieb alles beim alten …

Das Lachen, das gute, befreiende, Luft schaffende Lachen, braucht ebenfalls solch einen »überlegenen« Standort, einen Platz oberhalb, außerhalb, jenseits. Da liegt wohl das Geheimnis des *Humors*. Witz, Satire, Ironie bleiben »system-immanent«, sind oft Nahkampfwaffen, eingesetzt aus Verachtung oder Notwehr, wollen vom Leibe halten, Distanz schaffen, stechen, beißen, zersetzen. Der Humor aber steht einerseits ganz mittendrin; er liebt, darum leidet er mit. (Es ist nachdenkenswert, daß der Dichter Wilhelm Raabe den »Humoristen« Wilhelm Busch rundweg ablehnte: dessen Werk lebe von Menschenverachtung und Schadenfreude!) Andererseits kommt der Humor von draußen herein, aus Überlegenheit und Freiheit. Seltsames Ineinander: von oben kommend, geht er ganz tief mit »unten durch«. Er lacht »trotzdem« und lacht »deswegen«. Wo mag dieser paradoxe Standort zu finden sein, dies Drinnen und Draußen zugleich?

Todernst, doch: es darf gelacht werden!

Bei einem Wochenende in einem großen Mitarbeiterkreis hatten wir über die ersten Kapitel der Bibel nachgedacht: der Mensch – Gottes Geschöpf und Gottes Rebell. Da betete jemand bei der abschließenden Abendmahlsfeier: »Eine Sündenfallgeschichte mit humorvollen Zügen – Gott, wie groß bist Du!«

Der Sündenfall – todernst (wenn irgendwo, dann paßt das Wort hier!), und doch steckt in der alten Erzählung ein göttliches Lächeln, ein heimliches Augenzwinkern. Etwa da, wo der Gernegroß Mensch nach vollzogener »Emanzipation« von Gott nun keineswegs zu dem noch zu erwartenden Rivalenkampf schreitet und dem »Alten« das »Revier Erde« streitig macht (»Platz da, jetzt bin ich dran!«), sondern mit seiner Frau schamvoll hinter Büschen hockt und sich um die ersten, sehr mangelhaften Anfänge der Textilindustrie müht (er »probiert« bekanntlich die berühmten Feigenblätter). – Humorvolle Züge, zweifellos, und dabei steht der Erzähler doch selbst mitten drin in der gefallenen Welt, lebt selbst täglich im Kampf ums Dasein (»Dornen und Disteln – im Schweiße deines Angesichts«), erleidet Furcht, Scham und vergebliche Mühe. Und doch: er lächelt! Lächelt, weil er den Gott kennt, der dem »Verflucht« (fünfmal allein in 1. Mose 3-11) das »Gesegnet« (fünfmal in Kapitel 12) entgegenstellt, es damit überholt, überrundet und besiegt. – So kann Luther jemanden, der über seine Sünde verzweifelt, zum Lachen über solche »Puppensünden« ermuntern. Dabei weiß der Reformator sehr wohl, daß Sünde nie Bagatelle, stets

Todsünde ist. Und dennoch – um Christi willen und hinter seinem breiten Rücken – »Puppensünden«! Wo Vergebung der Sünden ist, da ist auch Humor.

Todtraurig, doch: es darf gelacht werden!

Kürzlich stand ich auf dem alten Tübinger Stadtfriedhof vor dem Grab von Professor Adolf Schlatter. Ein schlichtes Steinkreuz, darauf als Botschaft an alle Vorübergehenden das Jesuswort: »Wen da dürstet, der komme zu mir und trinke.« Darunter als Bibelstelle: Johannes 8,37. Wer nachschlägt, ist verblüfft. Das stimmt doch nicht: 7,37 muß es heißen! Aber die Familie hat bewußt die Stellenangabe so in den Stein meißeln lassen, wie der Vater selbst sie notiert hatte. Es war so ungemein charakteristisch für den großen Theologen: alle Bibelstellen konnte er auswendig, Kapitel und Vers dazu, nur häufig war's falsch. Ein Grab – todtraurig (wenn irgendwo das Wort paßt), und doch: man steht lächelnd an dem Platz. Humor auf einem Grabstein?! Wer kann sich das leisten? Einer, der – selbst Todeskandidat – weiß, daß der Tod besiegt ist, da Christus ihn »ausgesoffen« (Luther) hat, daß alle Gräber auf Erden nur vorläufig sind, seit der Eine sagte: »Siehe, ich *war* tot« (Offb 1,18). Ein Grab – darin Auflösung und Verwesung. Auf dem Steinkreuz der Name eines sterblichen Menschen, doch darüber ein Jesuswort, – und der kleine Menschenname ist für immer geborgen in dem großen Christusnamen, für immer eingezeichnet in den gekreuzigten Ostersieger. Ist's sehr verwunderlich, daß einst zu jeder Osterpredigt ein Scherz gehörte?

Es kommt auf die Perspektive an!

Albrecht Dürer hat das in einer Radierung meisterhaft erfaßt. Da sitzt der Kirchenvater Hieronymus, der große Gelehrte und Bibelübersetzer, in seiner Studierstube (im »Gehäus«) am Schreibpult. Ihm schräg gegenüber auf der Fensterbank liegt ein Menschenschädel – Machtzeichen, Statussymbol des Todes. So oft der fleißig Forschende aufschaut, fällt sein Blick darauf. Ein unübersehbares »Memento mori« (Bedenke: Sterben mußt Du!). Doch auf der Ecke des Tisches, genau zwischen den Augen des Alten und dem Totenkopf, steht ein Kruzifix. Nur »via Christus«, nur durch diesen »Todfresser« (Luther) hindurch, kann der Tod angeschaut werden. Da ist er »entmythologisiert«, aller Macht entkleidet. Da kann der Greis getrost lächeln. Aber eben: »In Christus« gilt das, ausschließlich in ihm! Weh dem, der den Tod »an sich«, abgesehen von Christus, ansehen, gar meditieren will, – die dämonische Faszination des Grabes wird ihn anrühren, bei diesem Gifthauch wird er sich den Tod holen. Weh dem, der die Sünde »an sich« und sich selbst, den Sünder, betrachten will: Verzweiflung wird ihn packen, Schwermut ihn bannen. Weh dem, der den Teufel »an sich« anzuschauen wagt, gar mit ihm experimentieren möchte (etwa auf dem Gebiet des Okkultismus), er wird mit Grauen entdecken: »Auf Erd ist nicht seinsgleichen.« Aber eben dies »an sich«, d. h. »abgesehen von Christus«, ist ganz und gar gottlos, ohne Glaube, ohne Hoffnung, ist Rückfall ins Heidentum, Lästerung der Ehre Jesu Christi! In Christus, von ihm auf allen Seiten umschlossen, dürfen wir lachen, und bei diesem »Osterlachen« schrumpfen die Finsternismächte zu Spuk und Schein. Das ist die Melodie des Christenhumors: Voran geht das »Deswegen« (»Unter deinem Schirm bin ich vor den Stürmen aller Feinde frei«), es folgt das »Trotzdem« (»Trotz dem alten Drachen«).

Kreißsaal – nicht Sterbezimmer

Von diesem Standort außerhalb und oberhalb – und dabei doch mitten drin –, das Ohr schon voll von der Zukunftsmusik aus Gottes neuer Welt, hat der Apostel Paulus in unsere alte Welt hineingehorcht: er vernimmt Seufzen, Schmerzensschreie. Sie alle weinen: Christen und Nichtchristen, Menschen, Tiere, Pflanzen – die ganze Kreatur. Aber nun erfaßt er die Tonart: das ist nicht Todesröcheln, das klingt wie das Stöhnen einer Gebärenden (Röm 8). Nein – um Christi willen –, nicht Sterbezimmer ist die Welt, sie ist Kreißsaal, ist unterwegs zur Neugeburt! »Das Ganze ist neu programmiert«, so formulierte ein Ingenieur und Computerfachmann kürzlich die Osterbotschaft. Das ist der paradoxe Platz des Christenhumors: schon im Morgen beheimatet, besteht er das Heute »als die Sterbenden, und siehe, wir leben – als die Traurigen, aber allezeit fröhlich – als die Armen, die aber doch viele reich machen – als die nichts haben, und doch alles haben« (2. Kor 6,9 und 10).

Wie's praktisch zugeht

Da liegt einer schlaflos. Vielleicht in einer depressiven Phase. Vielleicht tief enttäuscht von sich und anderen. Vielleicht in seinem Gewissen geschlagen. Vielleicht ohne Hoffnung in schwerer Krankheit. So tief drinnen ist er, so ganz unten, daß die Wellen über ihm zusammenschlagen, ihn ersticken wollen. Da wird ein Bibelwort in ihm wach, tritt vor ihn hin, lockt ihn zum Nachsprechen, ins Beten hinein. »Du Herr, bist mein Hirte. Mir mangelt nichts« (so wörtlich). »Du bist für mich, bist mir gut.« Da erfaßt ihn dies Du, reißt ihn heraus, stellt ihn auf jenen »archimedischen Punkt«, nimmt selbst den Hebel in die Hand, hebt das Alte aus den Angeln. Da kann ich mitten im Zerbrechen das Lächeln lernen:

»Mir mangelt nichts. Wenn ich nur Dich habe ...«

Steh auf!

Lukas 7,11-17

Und es begab sich danach, daß er in eine Stadt mit Namen Nain ging; und seine Jünger gingen mit ihm und eine große Menge.

Als er aber nahe an das Stadttor kam, siehe, da trug man einen Toten heraus, der der einzige Sohn seiner Mutter war, und sie war Witwe; und eine große Menge aus der Stadt ging mit ihr.

Und als sie der Herr sah, jammerte sie ihn, und er sprach zu ihr: Weine nicht!

Und trat hinzu und berührte den Sarg, und die Träger blieben stehen. Und er sprach: Jüngling, ich sage dir, steh auf!

Und der Tote richtete sich auf und fing an zu reden, und Jesus gab ihn seiner Mutter. Und Furcht ergriff sie alle, und sie priesen Gott und sprachen: Es ist ein großer Prophet unter uns aufgestanden, und: Gott hat sein Volk besucht.

Und diese Kunde von ihm erscholl in ganz Judäa und im ganzen umliegenden Land.

Vom Mitleid

Wenn es damals in dem Städtchen Nain schon so etwas gegeben hätte wie eine Lokalzeitung, hätte sicher darin ein Artikel gestanden mit der Überschrift: »Tragischer Todesfall«.

Darin wäre über jenen Mann berichtet worden. Vielleicht hätte es am Schluß geheißen: »Der allseits verehrten Witwe sprechen wir im Namen unserer Bürger unser tiefempfundenes Mitleid aus.« Und das wäre sicher ehrlich gemeint gewesen.«

So kann man es jetzt auch in dem Örtchen Nain sehen. Das *Mitleid* hat die Leute zusammengeführt. Ein großer Leichenzug beginnt, sich zu formieren.

Wir wollen uns einen Augenblick zu diesen Leuten gesellen und ihnen ins Gesicht schauen. Da gibt es solche, denen Tränen in den Augen stehen. Tief betroffen sind sie. Freunde der Familie oder Verwandte, die noch gut wissen – es ist noch nicht lange her, da hat man den Vater so hinausgetragen. Oder die Nachbarn, die sich daran erinnern, wie der Junge mit ihren Kindern gespielt hat, wie er heranwuchs. Jetzt ist alles wie abgebrochen. Sie gehen auf die Mutter zu und sagen: »Auf uns kannst du zählen. Wir werden dich nicht im Stich lassen, wir sind immer bei dir.« Aber wenn die Wochen und Monate ins Land gehen, wird jede Familie mit ihren eigenen Fragen beschäftigt sein – mit Freude und Leid. Und das Geschick jener Frau wird in den Hintergrund treten. So ist das mit unserem menschlichen Mitleid. Auch wenn es ehrlich und gut gemeint ist, es ist *nie von Dauer*.

Und das andere: Unser menschliches Mitleid ist

nie rein. In das Mitleid mischt sich immer etwas anderes – wie etwa Neugier. Da sind vielleicht Leute in einem Leichenzug, die fragen: Wie wird diese Mutter das überstehen? Wird sie vielleicht am Grab ohnmächtig werden? Wird sie zu weinen anfangen, zu schreien? Wenn heute ein Prominenter beerdigt wird, sind immer Reporter da mit Teleobjekten, um die Gesichter möglichst deutlich in die Illustrierten zu bringen. Mitleid und Neugier verkaufen sich gut.

Und wenn wir die Mutter anschauen, – um wen weint sie? Um ihren Jungen oder um sich selbst? Sicher weint sie um ihr Kind. Aber weint sie nicht auch darüber, daß ihre Zukunft zu Grabe getragen wird? Daß in ihrem Haus nie Kinderlachen zu hören sein, daß sie nie ein Enkelkind auf dem Arm haben wird? Sie weint doch auch um ihre Zukunft!

Die Liebe zu dem Kind und die Selbstliebe sind in unserem Mitleid und unserer Trauer immer eng verwoben. Unser Mitleid ist nie rein und auch nie *ganz selbstlos.*

Aber einer geht mit durch die Tiefe

Doch als Jesus die Frau sah, »jammerte ihn derselben«. Wer ist denn eigentlich dieser Jesus? Er ist ja nicht nur irgendein Wanderprediger aus Galiläa, der gerade vorbeigeht, sondern das persongewordene Mitleid Gottes. Gott hat das Mitleid gepackt mit uns Menschen, mit unserer Verlorenheit, unserem Tod, unserer Schuld, so daß er es nicht ausgehalten hat im Himmel und in seinem Sohn Jesus Christus selbst zur

Erde kam. Nun ist das Mitleid Gottes unterwegs, man kann es anfassen, und es hat einen Namen – Jesus Christus. Vor lauter Mitleid mit uns ist Gott in unsere Haut hineingekrochen, in unsere Schuld und unseren Tod. Hier begegnen wir dem *ersten Wunder* unserer Geschichte: *Gottes Mitleid!*

Ein Indienreisender erzählte von einem merkwürdigen Götterbild, auf dem der Gott Shiwa dargestellt wurde. Er hatte Backen, wie sie ein Hamster hat, aufgebläht und einen dick hervortretenden Kropf. Als der Reisende fragte, warum man den Gott Shiwa so seltsam darstelle, erzählten ihm die Inder eine tiefsinnige Legende.

Am Anfang, als die Welt begann, war alles noch flüssig, so eine Art Weltenbrühe, die sich in einem Teich befand. Und die Götter saßen um den Teich herum und rührten in der Weltenbrühe, damit sie fest würde. Der Gott Shiwa aber stand abseits und schaute zu. Da bemerkte er, wie beim Rühren Gift entstand, das Weltengift: Eine unheimliche Säure, die einmal alles, was entstünde – Pflanzen, Tiere, Menschen – durchdringen und tödlich infizieren würde. Und was tat Shiwa? Er wurde vom Mitleid gepackt. Er warf sich auf den Boden, robbte an den Teich heran, begann zu saugen und schlürfte das Weltengift hinein in seine Backen, und bildete einen dicken Kropf aus. Und dort hat er das Weltengift deponiert.

Aber wir wissen, mit Giftdeponien ist das so eine Sache. Selbst wenn wir das Gift tief in der Erde lagern, kann es ein Erdbeben an den Tag bringen. Shiwa hatte eine gewaltige Giftdeponie geschaffen, aber nicht nur aus Mitleid mit der Welt. Er hatte auch Mitleid mit sich selbst. Wenn er das Gift herunterschlucken würde, wäre es auch für ihn tödlich. Und der Indienreisende sagte: »Plötzlich wußte ich, was Jesus Christus getan hat, was Karfreitag bedeutet. Da hat Jesus das Gift dieser Welt heruntergeschluckt. Er ist an dem Gift der Welt gestorben, aber nun hat das Gift seine Kraft verloren, seine Energie vertan. Der Tod hat ausgespielt. Über dem Kreuz leuchtet die Ostersonne. Der Tod selbst ist tödlich getroffen. Gewiß, er zuckt noch, die Nachhutgefechte sind schrecklich genug. Und trotzdem – er ist besiegt!«

So ist das Mitleid Gottes zu uns gekommen. – Und was immer in unserem Leben geschieht an Dunklem und Tiefem, – er hat es durchschritten, er kennt es.

Aus dem Nichts schafft er Leben

Ein *zweites Wunder* begegnet uns: *»Gottes seltsames Befehlen.«* Der Leichenzug hat sich formiert und geht durch das schmale Stadttor von Nain hinaus – dorthin, wo der Friedhof liegt. Da kommt diesem Leichenzug eine große Gruppe von Menschen entgegen. An ihrer Spitze ein Mann, etwa 30 Jahre alt. Jeder in dem Leichenzug weiß, was jetzt geschehen wird. Wenn seine Majestät, der Tod, marschiert, dann hat er Vorfahrt. Jener Zug, der da entgegenkommt, wird beiseite treten und dem Tod Referenz erweisen; denn der Tod beansprucht sein Recht.

Doch etwas Eigenartiges geschieht: die Menschengruppe will offenbar nicht weichen. Sie scheint es auf eine Konfrontation ankommen lassen zu wollen. Der Lokalreporter, hinten irgendwo im Leichenzug, formuliert schon seine Schlagzeile vom Skandal bei einer Beerdigung. Da stoßen die Gruppen aufeinander, und der Leichenzug muß stehenbleiben.

Plötzlich tönt eine klare Stimme herüber: »Jüngling, ich sage dir, stehe auf!« Aufgeregt überlegt sich der Reporter, ob der Mann da drüben wohl betrunken oder wahnsinnig ist. Wie kann man einem Toten so etwas befehlen wollen: »Steh auf!« Nicht wahr, unsere Befehle setzen doch immer voraus, daß der andere, den wir ansprechen, das kann. Aber kann man einem Toten etwas befehlen? Tot ist tot! Alle unsere Befehle leben doch von der Logik: Du *sollst,* weil du *kannst.*

Wenn wir zu einem Blinden sagen würden: »Schauen Sie sich einmal dieses Bild an!« Wäre das nicht eine Unverfrorenheit? Oder, wenn in einer Gesellschaft eine junge Dame in einem Rollstuhl säße und ein junger Mann käme und sagte: »Darf ich Sie um den nächsten Tanz bitten«? Wäre das nicht eine Unmöglichkeit, eine Unmenschlichkeit? Sie kann ja nicht können! Und jetzt ist da einer und befiehlt einem Toten: »Steh auf!« Wie kann man einem Toten mit solch einem Befehl kommen? – Wir können das nicht. Aber der, der uns hier begegnet, ist der lebendige Gott in diesem Jesus. Es ist der Gott, der in das Nichts hineingerufen hat: »Es werde Licht«! Und es ward Licht. Das ist der Gott, der aus dem Nichts die Welt geschaffen hat. Und dieser Gott wird auch einmal die Toten zum Leben rufen. Für ihn, für seine Stimme, haben sie einen leichten Schlaf.

Wenn Gott ruft: »Kommt wieder Menschenkinder«, dann geschieht das Wunder der Erweckung aus dem Tod, weil er es sagt. So ist das auch, wenn ein Mensch zum Glauben findet, zum Glauben an Jesus Christus. Das geht nicht, indem man verbissen sagt: »Nun will ich glauben, nun knüppele ich meine Zweifel nieder«, sondern es geschieht so, daß uns sein Wort »auferweckt«, wenn er sagt: »Fürchte dich nicht, glaube nur!« Das ist Gottes Logik – »Du *darfst,* weil ich *kann.*«

Schuld löscht er aus

Nicht anders ist es, wenn Gott Schuld vergibt. Wenn der Tod eintritt, stellt sich erneut die Schuldfrage. Als wir vor zwei Jahren unseren Ältesten durch einen tödlichen Unfall verloren, fragten wir uns auch: Was wird aus all dem, was wir ihm schuldig geblieben sind? Wir Eltern meinen es ja mit unseren Kindern herzlich gut, aber wir machen doch auch vieles falsch. Und wenn wir den Toten nicht mehr erreichen können, was dann? Was wird aus der Schuld, die wir nicht mehr gutmachen können? Was wird aus der Schuld, wenn dieser Eine sie nicht auslöscht?

Aber kann man Schuld wegtun? Ja, dieser Eine kann das. Er hat aus dem Nichts die Welt geschaffen: aus Nichts Etwas! Er kann auch aus Etwas Nichts machen. Er kann Schuld, und wenn es ein Mord wäre, durch Vergebung auslöschen, indem er sie durchstreicht und sagt: »Dir sind deine Sünden vergeben!« Und derselbe fordert den Jüngling auf: »Steh' auf!«

Zu uns sagt er vielleicht heute: »Kommt heraus aus den Löchern, den Gräbern, der Traurigkeit, in der ihr steckt, aus der Mutlosigkeit, dem Schneckenhaus, in das ihr euch zurückgezogen habt. Kommt heraus, steht auf, Ihr dürft leben, faßt neuen Mut!«

Er sagt nicht: »Reiß dich zusammen, Du hast ja noch irgendwelche Energien. Er sagt auch nicht: »Du sollst, denn Du kannst!« Nein, er sagt: »Du darfst neu anfangen, denn ich bin da, und meine Kraft ist für Dich da.«

Nichts können wir festhalten

Und *das dritte Wunder* in diesem Text: *Gottes Geben!* Es heißt: »Jesus gab ihn der Mutter wieder.« Er gibt ihn ihr lebendig zurück.

Ich stelle mir vor, wie sie am nächsten Morgen miteinander beim Frühstück sitzen, und es ist wie immer. Sie sagt, und ich darf das einmal in unsere Zeit übersetzen: »Mein Junge, möchtest Du noch eine Tasse Kaffee oder ein Brötchen?«

»Mein Junge«, sagt sie, und es klingt wie immer. Aber ist das nicht eine seltsam veränderte Situation, wenn sie jetzt sagt: »Mein Junge! Mein.« Es ist, als ob noch ein Dritter am Frühstückstisch säße. Der Dritte, der das erst möglich gemacht hat, daß sie jetzt »mein Junge« sagen kann. Von diesem Dritten weiß sie, er hat mir meinen Jungen neu anvertraut.

Mein Junge, das hat sie auch vorher gesagt mit ganzem Stolz. Wenn andere etwas gegen ihn vorbrachten: »Laßt nur meinen Jungen in Ruhe!« Und voller Hoffnung: »Mein Junge, der wird mal was. Was der für Zeugnisse hat!« Als dann die Krankheit kam – die Klage: »Tod, meinen Jungen mußt du mir lassen! Er ist meiner!« Sie hat gekämpft um ihren Sohn wie eine Löwin mit ihren Krallen. Doch der Tod hat nur gelacht: Wir werden ja sehen, wem hier was gehört! Doch jetzt darf sie wieder sagen: »Mein Junge.« Aber die Tonart hat sich verändert. Jetzt weiß sie plötzlich, er ist nicht »mein Besitztum«, er ist ihr »geliehen, anvertraut auf Zeit.«

Uns gehören die Kinder nicht. Meine Frau gehört mir nicht. Sie ist nicht mein Besitz. Und wer sagt: »Mein gutes Recht, meine Position und mein Eigentum«, der sehe zu, daß der Tod nicht darüber lacht. Denn, was wir haben, ist uns geliehen auf Zeit.

Doch einmal werden wir »schauen«

Vielleicht gab es fünfzig Jahre nach diesem Ereignis wieder einen Leichenzug aus der Stadt Nain hinaus. Und da wurde dieser junge Mann, der damals von den Toten auferweckt wurde, endgültig zu Grabe getragen. Das heißt, Jesus hat ihm ja nur diese irdische Lebenszeit um einige Jahre und Jahrzehnte verlängert. Ob das eigentlich sinnvoll ist, daß man zweimal sterben muß?

Nein, die ganze Geschichte wird nur dann sinnvoll, wenn diese Auferweckung ein Zeichen ist, ein Hinweisschild: Hier kommt der, der unterwegs ist, nicht nur zu Karfreitag und zum Grab, sondern zum Ostersieg. Hier kommt der, der einmal alles neu machen soll.

Jeder, der sein Leben diesem Herrn anvertraut hat, wird einmal durch den Tod hindurch auferstehen zu ewiger Gemeinschaft mit ihm. Und dann wird kein Leid mehr sein und kein Geschrei und kein Schmerz, – und Gott wird abwischen alle Tränen von unseren Augen. So lange wird auf dieser Erde noch geweint werden. Doch dann wird der wunderbare Befehl ergehen, der eine neue Welt herausruft.

Ich denke an die Worte eines Predigers aus dem Rheinland, Hermann Friedrich Kohlbrügge. Er hatte sich eine merkwürdige Situation vorgestellt: Er sei begraben worden und man fände, vielleicht nach Jahrzehnten, seinen Schädel wieder. Der solle nun, dem Tod zum Trotz, eine Osterpredigt halten: »Wenn ich einmal sterbe und es findet jemand meinen Schädel, dann predige ihm dieser Schädel noch: ›Ich habe keine Augen, dennoch schaue ich Ihn. Ich habe kein Gehirn und Verstand; dennoch umfasse ich Ihn. Ich habe keine Lippen, dennoch küsse ich Ihn. Ich habe keine Zunge, dennoch lobsinge ich Ihm. Ich liege draußen auf dem Gottesacker und dennoch bin ich drinnen im Paradies.‹«

Wir alle kennen die Redewendung: das ist todsicher. Aber laßt uns dem Tod nicht das letzte Wort geben. Seit Jesus auferstanden ist, ist der Tod eben nicht mehr sicher. Christen sollen sagen: »ostersicher, christussicher, auferstehungsgewiß.«

Er streckt seine Hand aus

In Gottes Hand tätowiert

»Siehe, in meine Hände habe ich dich gezeichnet« (Jes 49,16)

Ich besitze ein Buch, in dem weiter nichts dargestellt ist als eine Vielzahl von Händen. Die meisten Abbildungen sind Ausschnitte aus Kunstwerken großer Maler. In Jesaja 49,16 sagt Gott durch seinen Propheten: *»Siehe, in die Hände habe ich dich gezeichnet.«*

Außer dem Gesicht sind unsere Hände wohl das Persönlichste, das Ausdrucksvollste an unserem Körper. Sie sind unverwechselbar bis hinein in die Fingerabdrücke. Da denke ich an die Hand der Mutter, die ein Kind tröstet, an die Hand der Krankenschwester, die einen Patienten versorgt, an die Hand des Chirurgen, dem ich mich für eine Operation anvertraue, an die schwielige und rissige Hand des Bauern, der Korn aussät für die neue Ernte. Und ich denke an die Hand des Künstlers, der musiziert oder malt.

Hände. An den Händen kann man das Lebensalter ablesen. Da ist die patschige Babyhand mit den Grübchen darauf oder die kräftige, muskulöse Hand des Arbeitenden und die faltige, mager gewordene Hand, auf der die Adern hervortreten, – die Hand des alten Menschen.

Gute Hände gibt es, aber auch böse und gefährliche: die brutalen Hände eines Gewaltverbrechers, die gierig grapschenden Hände eines Diebes oder auch die zittrig-fahrigen Hände eines Alkoholikers, der nach der Flasche greift.

Hände. Sehr persönlich sind unsere Hände und unverwechselbar. Die alten Römer kannten das Sprichwort »ex ungue leonem«: »An der Klaue erkennst du den Löwen«. Heute sagen Graphologen: »Ex ungue hominem« – an der Klaue erkennst du den Menschen, an der Handschrift wird sichtbar, was in dem Menschen steckt. Der Charakter wird bei der Handschrift durchsichtig. Ist das so, bin ich das, was meine Handschrift an den Tag bringt?

Denken wir an den Aberglauben, den Okkultismus. Da gibt es »Hellseher«, die aus den Handlinien lesen. Die Chiromantie behauptet, man könne eine Lebenslinie, eine Glückslinie, eine Reiselinie finden. Da wird von einem Venusgürtel geredet und so fort. Ist meine Zukunft, mein Geschick in meinen Handlinien vorprogrammiert? Wen wundert's, daß sich die Reklame unserer Hände bemächtigen will. Ich erinnere mich, daß ich als Student in der Bahnhofshalle einer Großstadt eine große Leuchtreklame einer Schnapsfabrik sah. Der Werbespruch sagte: »In die Hände, oh ihr Lieben, wurde euch MM geschrieben ...« Schauen Sie jetzt doch einen Augenblick in Ihre Hand hinein, auf die Innenseite. Wenn man sie ein wenig zusammenzieht (und etwas guten Willen mitbringt), entdeckt man zumindest drei lange Linien, und wer etwas Fantasie hat, kann sich die vierte dazu denken. Dabei entsteht tatsächlich so etwas wie ein lang ausschwingendes gotisches M. In der rechten Hand und in der linken Hand ebenfalls. Und nun sagt die Reklame beschwörend: »In die Hände, oh ihr Lieben, wurde euch MM geschrieben.« Folgt dem Zeichen der Natur: »Trinket (ich ändere den Satz ab!) Markus Meyer nur!« Die Schnapsfirma will unsere Hände beanspruchen, uns selbst mit Beschlag belegen: Du gehörst mir!

Die antiken Philosophen haben es auch schon beobachtet – das MM in unseren Händen ... Sie deuteten es allerdings anders: *m*emento *m*ori! Denke daran, Mensch, sterben mußt du! Wie auch dein Leben läuft, – sobald du geboren bist, bist du alt genug zum Sterben. Endstation deines Lebens ist der Tod.

Alles greift nach unserer Hand, alles möchte unsere Hand in Besitz nehmen. So drängt sich mir die Frage auf: Wem gehöre ich denn wirklich? Gehöre ich meinem Charakter? Bin ich darauf festgelegt? Gibt meine Handschrift Auskunft darüber, – gehöre ich irgendeinem anonymen Schicksal, das mir Linien in die Hand ritzte, – gehöre ich dem Alkohol, der Sucht oder bin ich schließlich Eigentum des Todes? Wem gehöre ich? Gottes Wort springt herein als Antwort. »In meine Hände habe *ich* dich gezeichnet (Jes 49, 16). Großartig, daß man im Alten Testament so einfältig und plastisch von den Augen Gottes, vom Mund Gottes, vom Arm Gottes und sogar von seiner Nase lesen kann. So nahe möchte Gott uns kommen, uns, seinem Ebenbild. Hier ist von Gottes Händen die Rede: »In meine Hände habe ich dich gezeichnet.« In diesem Satz begegnet uns Gott auf dreierlei Weise.

Gott als Liebhaber

Er begegnet uns als Liebhaber. »In meine Hände habe ich dich gezeichnet.« Im Orient kam es vor, daß sich ein verliebter junger Mann den Namen seines Mädchens oder wenigstens ihr Monogramm in die Handfläche tätowieren ließ. Den ganzen Tag über, bei jeder Beschäftigung schaute er immer wieder auf seine Handfläche. Dabei ging ein strahlendes Lächeln über sein Gesicht. Da stand sie ja, die Mirjam, die Hanna, die Elisabeth. Das nimmt Gott jetzt auf: »In meine Hände habe ich dich gezeichnet.« Wenn Gott an Ihren und an meinen Namen denkt, dann strahlt sein Gesicht vor Freude. Können Sie das glauben? Ich könnte eher verstehen, wenn es hieße: Wenn Gott an meinen Namen denkt, dann zeigt er ein trauriges, enttäuschtes, fragendes, skeptisches oder sogar zorniges Gesicht. Das hätte ich verdient; aber ein strahlendes Lächeln wie bei einem Liebhaber?

»In die Hände habe ich dich gezeichnet.« Das darf sich jeder von uns ganz persönlich sagen lassen. Da hat ein Alkoholiker einen Rückfall erlebt und liegt nun am Boden, verzweifelt: »Ich habe mein Gelübde gebrochen, ich schäme mich vor mir selbst. Ich habe Gott enttäuscht. Mich kann niemand mehr achten.« Hören Sie es: »Du bist mein«, sagt Gott heute zu Ihnen, und sein Gesicht strahlt.

Oder jemand ist krank und fragt verzweifelt: Hat Gott mich vergessen, hat er sich von mir zurückgezogen? Hören Sie es: »Du bist mein!«

Oder einer kommt jeden Sonntag zum Gottesdienst und schleppt immer den Zweifel mit sich herum: »Gehöre ich eigentlich dazu, darf ich das für mich persönlich in Anspruch nehmen?« – Ihr Leben gehört diesem Jesus Christus, er hat unendliches Interesse an Ihnen. Heute heißt es auch für Sie: »In die Hände habe ich deinen Namen geschrieben, du bist mein!« Glauben Sie es! *Gott, der Liebhaber.* Für viele ist Liebe oft nur ein Augenblicksgefühl. Sie steht heute vielfach unter Inflationskurs. Aber Gott ist nicht nur Liebhaber, er ist auch ein Märtyrer.

Gott als Märtyrer

Der jüdische Philosoph Martin Buber hat den Vers aus Jesaja 49,16 so übersetzt: »Da, in meine beiden Handflächen habe ich deinen Namen *eingegraben.*« Jetzt sehe ich den gekreuzigten Jesus vor mir. Ich sehe, wie die Henkersknechte massive Nägel durch seine Handflächen treiben. Daß wir ja nicht sagen: Das taten die bösen Juden oder die bösen Römer. »Ich, ich und meine Sünden«, heißt es im Kirchenlied. »Ich bin dabeigewesen, als diesem Jesus die Hände durchgraben wurden.« Und dann steht der Auferstandene vor uns. Er hält uns seine Handflächen entgegen und seltsam: In den Auferweckungsleib hinein hat er die Wundmale mitgenommen. Er zeigt sie seinen Jüngern: »Erkennt ihr mich denn nicht wieder? In meine Hände habe ich euch gegraben. Thomas, du darfst sogar deine Finger hineinlegen.«

Warum behält Jesus die Nägelmale an seinem verwandelten Leib? Etwa als Merkzettel, damit er nur ja nicht vergißt, uns irgendwann unsere Schuld heimzuzahlen? Nein, diese Narben in den Händen Jesu sind Narben der Vergebung.

Matthias Grünewald hat das auf dem Osterbild des Isenheimer Altars großartig dargestellt. Da bricht aus den Nägelmalen Jesu, aus den Wunden des Auferstandenen das Licht hervor. Da geht die Sonne auf. Da fängt das Leben an. In seine Hände ist unser Name eingegraben, ist mit hinein vernarbt, ist untrennbar verwachsen mit ihm. Nun gilt: »Niemand soll dich aus meiner Hand reißen.« Zu viel haben wir ihm gekostet, zu viel sind wir ihm wert.

Lassen Sie es mich so sagen: jeder von uns ist *einen Christus* wert. Das ist die Währung Gottes. Denn für jeden von uns hat Gott nicht weniger investiert als den ganzen Jesus Christus: »In meine Hände habe ich dich eingegraben.« Jetzt darf ich wissen: Ich gehöre nicht der Sucht, nicht dem Schicksal, nicht dem Tod, nicht meinem eigenen Charakter. Das alles hat keinen Anspruch mehr auf mich. Gorch Fock, ein Schriftsteller, der im ersten Weltkrieg als Matrose ertrank, schrieb kurze Zeit vorher in einem Brief nach Hause: »Ich kann nie tiefer fallen, als in die durchgegrabene Hand meines Heilands.«

Als Märtyrer steht Gott vor uns. Märtyrer heißt ja wörtlich »Zeuge«. Und »Zeuge« meint etwas Juristisches. Das heißt: Wenn Jesus seine Hände vor uns hält, dann ist das ein Siegel, eine Garantie, dann ist es bezeugt und beschworen: »In meine Hände bist du gezeichnet, ich lasse dich nicht los.« Als *Liebhaber* zeigt sich Gott uns, und sein Gesicht strahlt auf, wenn er unseren Namen liest. Als *Märtyrer* begegnet uns Gott, und er möchte, daß wir es ganz fest wissen: Wir sind eingegraben in seine Hand, wir gehören ihm. Aber noch einmal kommt Gott auf uns zu, jetzt in der »Rolle« eines *Architekten.*

Gott als Architekt

Das Wort in Jesaja hat nämlich noch eine Fortsetzung: »In meine Hände habe ich dich gezeichnet, *deine Mauern stehen immer vor mir.*« Von welchen Mauern mag da die Rede sein? Als der Prophet diese Botschaft ausrief, war die Stadt Jerusalem dem Erdboden gleichgemacht, der Tempel verbrannt, die Bevölkerung außer Landes transportiert. In diese Situation hinein sagt Gott: »In meine Hände habe ich deine *Mauern* gezeichnet.« Das heißt, Gott sieht nicht Trümmer, rauchende Balken. Er sieht schon das neue Jerusalem, die vollendete Gottesstadt. Gott hat keine Mühe, aus Ruinen etwas zu machen. Mancher von Ihnen, der diesen Artikel liest, sagt vielleicht: Das ist die Geschichte meines Lebens! Eine Ruine war ich auch. Der Alkoholismus hat mich, meine Familie und alles zerstört, aber aus den Trümmern hat Gott etwas Neues gemacht. Das ist der Stil dieses Architekten: Ruinen, Trümmer sind sein bevorzugtes Baumaterial: »In meine Hände habe ich dich gezeichnet, deine Mauern stehen vor mir«, das bedeutet also: Gott sieht mich heute schon so an, wie ich einmal sein werde, wenn er mich ans Ziel gebracht hat. Für Gott bin ich heute schon vollendet. Das ist ja oft unsere Angst, ob wir durchhalten werden gegen die Macht der Sucht, gegen die Ängste der Krankheit oder gegen das Böse, das immer wieder in uns hochkommen will.

Doch Gott schaut uns schon vom Ziel her an, und was er anfängt, das bleibt kein Bruchstück. Das neue Leben – für uns Zukunft – für Gott ist es heute schon Gegenwart. Er ist der große Architekt.

Das gilt nicht nur für den einzelnen, sondern auch für die Gemeinde und die Welt. Wenn Jesus wiederkommt, wird er der große »Neumacher« sein, der Architekt, der eine neue Welt baut. Dahin dürfen wir schauen, wenn unsere Welt heute von Fieber geschüttelt wird. Bundespräsident Heinemann sagte: »Diese Welt ist nicht mehr zu regieren.« In der Tat: keiner weiß Antworten auf die brennenden Fragen unserer Gegenwart. Aber der große Architekt ist am Werk: »Siehe, ich mache alles neu.« Heute schon hat er eine Welt entworfen, in der es kein Leid und kein Geschrei, keinen Schmerz und keinen Tod, keine Krankenhäuser und psychiatrischen Kliniken, keine Suchtanstalten und Rehabilitationszentren geben wird. Auf uns wartet die neue Welt aus Gottes Hand.

Mein Meister

Ich möchte Sie einladen, sich diesen Händen anzuvertrauen. Legen Sie Ihre Hand in seine Hände! In die Hand des *Liebhabers,* der sich freut, wenn er an unseren Namen denkt, in die Hand des *Märtyrers,* der uns bezeugt: Dein Name ist mit meinem für immer verwachsen. In die Hand des *Architekten,* der großartige Pläne mit uns hat.

Und dann lassen sie uns dieses MM in unseren Händen umdeuten. Was geht uns eine Schnapsmarke an oder das »memento mori«? ... Wenn ich in meine Hände schaue und MM lese, dann sage ich: »Jesus, du bist *m*ein *M*eister, dir gehöre ich.« Und wenn mich eine Depression packt oder ich rückfällig werde, dann sage ich: »Jesus, MM. *M*ut*m*acher bist du.« »In die Hände, oh ihr Lieben, wurde Euch MM geschrieben« – das ist schon wahr, aber das heißt nun: »*M*ut*m*acher Jesus« und »*M*ein *M*eister bist du!«

Seine Hände und unsere Hände

Lassen Sie mich zum Schluß drei Bilder von Händen beschreiben, die etwas über unsere Hände aussagen. (Ich komme damit auf den Bildband zurück, den ich am Anfang erwähnte.)

Michelangelo hat in der Sixtinischen Kapelle zwei Hände gemalt. Die eine Hand hängt schlaff herunter. Sie ist völlig ausgebildet, aber noch ohne Leben. Es ist die Hand Adams.

Von rechts oben fährt voller Dynamik eine andere Hand auf diese Adams-Hand zu. Noch ein paar Zentimeter Abstand. Man spürt die Hochspannung. Im nächsten Augenblick wird der Funke überspringen, das Leben beginnt. Die Hand Gottes greift nach unserer Hand. Das ist das Entscheidende in unserem Leben. Nicht nur, daß wir geboren sind – geboren aus der Schöpferkraft Gottes –, sondern daß wir neu geboren werden, daß der Heilige Geist überspringt auf unser Leben und neue Menschen aus uns macht.

Das zweite Bild: Sie kennen sicher die betenden Hände von *Albrecht Dürer*. Kräftige Männerhände sind es, ganz unsentimental gezeichnet, aber sie fügen sich zusammen wie zu einem gotischen Kirchenbogen. Das heißt doch, daß alle Not und alles Schwere dieser Welt nach oben hin zugespitzt, nach oben orientiert werden.

Das ist das, was Gott mit unseren Händen vorhat. Sie sollen betende Hände werden, sie sollen das Dunkel der Welt nach oben hin öffnen, es auf Jesus Christus hin zuspitzen. Das meint nicht nur Bitten für sich selbst, daß heißt auch Fürbitte für den anderen und Dank.

Das dritte Bild zeigt Johannes den Täufer in *Grünewalds* Isenheimer Altar. Viele von Ihnen werden diese ausgestreckte Hand mit dem riesenlangen, überdimensionalen Zeigefinger kennen. Der ganze Mann ist im Grunde Zeigefinger und Fingerzeig. Er möchte mit seinem Leben nur eins sagen: Schaut auf ihn, auf Jesus Christus. Was würde es helfen, wenn jemand von einer Sucht befreit würde, von einer Krankheit geheilt würde, aus der Armut herausfände, wenn er nicht bis zu Jesus Christus selber käme? Darum kann unser ganzes Leben nichts anderes sein als das Hinweisen auf diesen einen Jesus: MM – mein Meister bist du, der Mutmacher in allen Lagen meines Lebens! Deshalb möchte ich die eine Hand in seine Hand legen und mit der anderen Hand nach dem Bruder greifen, denn wir beide, der Bruder und ich, gehören diesem Herrn.

Er streckt seine Hand aus

Bildbetrachtung zu einer Zeichnung von R. P. Litzenburger

So kann es also gehen! Wohlgemerkt: so kann es *Christen* ergehen, Jüngern, die Jesus nachfolgen! Steil bergab geht's! Eine Sturzfahrt – nicht nur eine Talfahrt – im Boot.

Von außen kommt die Not: Sturm, Wellen, Chaosfluten ... So heftig fährt der Wind den Jesusleuten ins Gesicht, daß die Haare wirr um den Kopf flattern.

Aber die Not bleibt nicht draußen. Sie steigt ins Boot als Angst, Ratlosigkeit, blankes Entsetzen: den Jüngern stehen buchstäblich die Haare zu Berge.

In solcher Verzweiflung kann man ganz Unsinniges versuchen, ganz Absurdes tun: da krallen sich die Jünger fest an den Schiffsplanken, klammern sich an den Mast, der sich doch selbst im Sturz befindet.

Welch ein Un-Sinn, sich innerhalb des Systems sichern zu wollen, wenn das ganze System fällt! – Wieso kann es gerade Christen so ergehen?

Hinter dem Boot reckt sich eine dunkle Wand empor, erhebt sich ein tiefschwarzer Horizont: das dämonische Chaos türmt sich auf.

Sicher, wir Christen haben Probleme wie andere Leute in dieser Welt auch: Schwierigkeiten mit Nachbarn oder Vorgesetzten, wir erleben schmerzhaft un-

sere Grenzen, kennen Krankheit und Versagen wie alle. Aber der schwarze Horizont sagt: Christen haben nicht nur Probleme wie jedermann sonst. Wir werden besonders bedroht, sind das Ziel spezieller Angriffe. Das dämonische Chaos will hereinstürzen ins Boot. Christen können nicht einfach begütigend abwinken: »Alles halb so schlimm!« Sie wissen, daß der Satan ihnen immer wieder Fallen stellen will, sie mit teuflischem Haß verfolgt. Die Bibel sagt dazu nüchtern: »Wir haben nicht mit Fleisch und Blut zu kämpfen ... « (Eph 6,12).

Da steht das Ganze auf dem Spiel, das »System« selber. Christen werden hellsichtig: Sie entdecken, wie in unserer Gesellschaft das »System Moral« zerbricht, das »System Humanität« zerfällt (wo man »zum Spaß«, »aus Langeweile« oder »um sich aufzugeilen«, die Wohnungen von Ausländern anzündet, Menschen verbrennt). Über die Wüste innerer Leere und Gewissenlosigkeit wälzt sich dämonische Chaosflut. Gibt es, wenn die »Systeme« fallen, eine Hilfe, die »systemübergreifend« das Ganze im Griff hat?

Darin und darüber der Herr

Eine Gestalt nimmt rechts die ganze Bildhöhe ein. Die Füße stehen »im Weißen«, also außerhalb des »Systems«, gründen am Ufer, breitbeinig und fest. Sie haben wirklich einen »Standort« (nicht nur einen mit der Mode schwankenden »Standpunkt« mit Radius Null). Die Füße stehen »im Weißen«.

Aber sonst? Ist das unheimliche Schwarz nicht auch in diese Gestalt eingedrungen, hat sie geradezu ausgefüllt? Kann das Jesus sein, unser Herr? Sogar einen im Schwarzen schwimmenden Heiligenschein entdecken wir (das sieht man sonst nie; golden hat er zu sein, das Fachwort heißt doch »Aureole«, »Goldkranz«!)

Außerhalb und *innerhalb* steht also dieser Mann. Er hat sich in das Dunkle hineingewagt, ja, mehr noch: Er hat die Nacht in sich hineingenommen und ist ihr nicht verfallen, ist nicht von ihr verschlungen worden. »In unser armes Fleisch und Blut verkleidet sich das ewig Gut«, singt Martin Luther in einem Weihnachtslied. Er riskiert es, in unser zerfallenes System zu kommen.

Der Apostel Paulus wagt die Formulierung: Gott hat ihn gesandt »in der Gleichgestalt des Sündenfleisches« (Röm 8,3). Nicht ein Sünder ist er wie wir; sondern der Eine, der Reine, der ganz andere kriecht in die Menschengestalt hinein, die sonst nur wir Sünder tragen.

Er wagt sich auf die Ebene, auf der sonst nur wir Verlorenen hausen. Er setzt sich unserem Niveau aus – »jenseits von Eden«, im Land von Angst und Schuld, am Strand des Meeres von Blut und Tränen. All die Schwärze, – er nahm sie auf sich.

Wieder wagt der Apostel Paulus die zuspitzende Formulierung: »Er wurde für uns zur Sünde gemacht« (2. Kor 5,21), als der Unschuldige »für uns verflucht« (Gal 3,13). So – nicht in sicherer Distanz, sondern mitten im Höllenrachen – so hat er alles Nächtige und Böse in sich hineingenommen und getötet. Gerade so ist er der Sieger, so hat er »den Tod ausgesoffen«, (wie Luther sagt), so wurde seine Auferstehung »des Todes Tod« (O. Riethmüller).

Eine schützende Bucht

Besonders auffällig sind an der Gestalt Jesu das Auge und die Arme. Erst durch den Zusammenstoß, den harten Kontrast von Schwarz und Weiß gewinnt das Auge Ausdruckskraft. Es leuchtet aus dem Dunkel fast erschreckend hervor. So blickt der Herr, das ist Gottes Auge. Mit diesem Blick vertreibt er Dämonen, gebietet er den Chaosfluten, herrscht er den Orkan an: »Schweig und verstumme!«

»Sie entsetzten sich«, so heißt es von Menschen, die diesem Blick begegneten. – Es ist der Herr! Herrscherlich ist der rechte Arm ausgereckt. Gebietend, abweisend ist die Hand über dem schwarzen Chaos erhoben. Dazu gesellt sich – fast im rechten Winkel – der andere Arm, raumschaffend, Dimensionen setzend. Daran die linke Hand unten (von der oben charakteristisch unterschieden): einladend, emporziehend, barmherzig aufhebend.

Er ist der Herr! Mit seinen beiden Armen und Händen schafft er eine Bucht, formt er einen Hafen, gibt er Zuflucht.

Ihm gehören Raum und Zeit

Bei längerem aufmerksamen Betrachten stellt sich eine seltsame, verwirrende Beobachtung ein: Wir sprachen vom nach oben ausgestreckten rechten Arm. Merkwürdig: seine Umrißlinie wird durch den Kopf Jesu hindurch sichtbar. Wird der Kopf durchsichtig, transparent? Oder muß man gerade »andersherum« verstehen? Geht der Arm vor dem Kopf her und wird seinerseits durchsichtig? Ist es dann überhaupt der rechte Arm – oder etwa der *linke*? Und der andere, nach unten gehaltene Arm, den wir den linken nannten, ist er wirklich vorn, uns, den Betrachtern, zugewandt? Oder gehört er nach »hinten«, in die Raumtiefe?

Ist dann dieser linke Arm nicht in Wahrheit der *rechte*? (Auch die Gestalt der Hände führt keine letzte Entscheidung herbei; sie lassen sich so oder so »lesen«.)

Ist der Künstler so ungeschickt? Kommt er nicht einmal mit den einfachsten Regeln der Anatomie zurecht? Kann er nicht einmal vorn und hinten, rechts und links unterscheiden?

Ich denke, diese Verwirrung, dieses Vexierspiel, ist nicht zufällig. Es ist der Herr! Er ist es, der *Raum und Zeit* allererst *schafft*, er ist nicht selbst Teil dieses »Systems«. Als Herr und Schöpfer steht er darüber, durchdringt alle Dimensionen (wie der Auferstandene verschlossene Türen durchschreitet, plötzlich anwesend ist und wieder entschwindet). Er gab sich hinein in unsere Welt und steht doch darüber. Er selbst ist es, der Maß und Form setzt. Was oben und unten, was rechts und links, was Licht ist oder Dunkel, – er definiert das alles, er gebietet all dem. Ihm gehören Raum und Zeit: Sein ist das Gestern wie das Heute und das Morgen. Allgegenwärtig ist er: Herr und Schöpfer aller Räume. Ewig ist er: Herr und Schöpfer aller Zeit! Er, der Allmächtige, errichtet, erhält oder schützt alle »Systeme«. Und dieser Herr ist unser Erbarmer.

Allumfassend und ganz persönlich

Nur wer das Ganze beherrscht, nur der »Systemsetzer«, »Systemerhalter«, »Systemüberwinder« kann *im* System durchgreifend helfen. Nur wer das Ganze regiert, hat auch im Detail das Sagen. Das gehört im Christenglauben zusammen: das ganz *Universale,* das Weltumgreifende – das »Mir ist gegeben alle Gewalt« (der Arm oben mit der gebietenden Hand) – und das ganz *Persönliche,* höchst Individuelle, das gerade dich und mich angeht und meint (der Arm unten mit der Gebärde voller Barmherzigkeit).

»Welt« und »Heil« sind nicht zu trennen: Es geht ums Ganze – und so um mich. Das umfassend »Objektive« (Jesus hat längst alles für alle ein für allemal getan) und das ganz persönlich Zugesprochene, das höchst »Existenzielle«, rufen einander: Als Allherrscher ist Jesus »mein Heiland«.

Hilfeschrei und Anbetung

So wird der Allherr zum Retter für den einen, der links im Vordergrund in der Flut unterzugehen droht, für den »sinkenden Petrus«. Nur noch Oberkörper ist diese Gestalt, halb schon verschlungen von der Chaosflut. Zwischen den emporgestreckten Armen erhebt sich der Kopf. Nichts als Entsetzen, nichts als panische Angst: die sich sträubenden Haare, der zum Schrei geöffnete Mund, die weit aufgerissenen Augen! Fast wird man an einen Totenschädel erinnert.

Rechts und links die Arme! Was zeigen sie an? Zunächst sind sie nichts als wortloser Hilfeschrei, ein letztes Sich-Emporrecken: »Herr, erbarme dich!« Miteinander bilden sie geradezu eine geometrische Figur, eine Parabel, ein leeres Gefäß, ein Vakuum von Armut und Not.

Dabei erinnern sie an jemanden, der dem Kommando »Hände hoch!« Folge leistet, der bereit ist, sich gefangennehmen und abführen zu lassen.

In der Tat: Hier ist jemand mit »seinem Latein«, mit all seinen Künsten und Tricks am Ende. Hier kapituliert einer vor dem Herrn der Welt.

Dieser Herr aber ist Retter, ist Heiland: Voller Erbarmen wendet er sich mit Blick und Wort dem Ertrinkenden zu, er schüttet in das Vakuum, in die leere Schale sein Erbarmen. Dabei wird im Gesicht des Petrus eine Reaktion sichtbar, ein Echo erklingt: das Auge, eben noch geweitet vor Entsetzen, spiegelt nun (mit dem Kontrast von Schwarz und Weiß) das Auge Jesu wider. Das eine Auge wird zum Reflex des anderen!

Unter dem herrscherlichen und freundlichen Blick Jesu ist der Versinkende schon gerettet, ist mitten in den Wellen bereits im rettenden Hafen. Er vernimmt das »Fürchte dich nicht, ich bin's«, hört es und glaubt. Er beginnt zu antworten (wie dann der Jünger Thomas): »Mein Herr und mein Gott!«

Da bekommen die ausgestreckten Arme – neben dem Signal von Hilflosigkeit und Kapitulation – noch einen dritten Sinn. So sah (in der Alten Welt wie im Judentum) die Gebetsgeste aus: Die erhobenen Arme werden zum Zeichen von Jubelruf, von Dank und Anbetung.

Das ist wahrhaftig *Anbetung:* Da hebt nicht einer ab von der Wirklichkeit, rauschhaft und gefühlsselig, da hebt einer an, noch »mitten drin«, noch in Bedrängnis und Anfechtung zu loben – so wie es die Apostel Paulus und Silas erlebten, als man sie um ihres Glaubens willen eingesperrt hatte im Gefängnis und sie trotz allem »um Mitternacht« Gott lobten.

Bedrohtes System und Lebensraum

Wir werfen einen Blick auf die Farben der Zeichnung: neben dem weißen Grund und dem scharf markierten Schwarz begegnet uns ein reich abgestuftes *Blau.* Es nimmt sogar die größte Fläche ein.

Blau ist gewiß die Farbe des *Meeres,* hier der bewegten Chaosflut. Bei der Farbe Blau fällt uns zugleich unser *»blauer Planet Erde«* ein (wie ihn Astronauten aus der Vogelperspektive erblicken): bedrohte, gefährdete Welt, instabiles, hinfälliges System.

Aber nun ist das Blau hier nicht nur herabstürzende Flut, aus der der Versinkende seine Arme hilfesuchend emporreckt. Es sind da nicht nur diese Arme des Petrus. Es sind da auch die mächtigen Arme Jesu.

Und von diesen umgriffen, von diesen gestaltet, bekommt das Blau eine Form, es fügt sich zu einem mächtigen Oval. Dieses Oval, diese *Ei-Gestalt,* wächst gleichsam heraus, strömt hervor aus den weit gewinkelten, den maßgebenden Armen Jesu. Es ist der Herr!

Und dieser Herr verwandelt die Chaosflut, gibt ihr Gestalt und Bestand. Wir erleben einen Schöpfungsakt: aus dem »Tohuwabohu« wird Welt, Lebensraum. Das Oval, die Eiform, ist bereits an einer Stelle der Zeichnung vorgebildet: in dem Heiligenschein Jesu. Das Ei bedeutet aber seit jeher: Verheißung von Leben und Zukunft.

Diese unsere Welt, vom Chaos umstanden, von dämonischer Verwirrung bedroht, wie eine wilde See bewegt, ist dennoch – weil sie aus Jesu Händen kommt und weil seine Arme sie umgreifen – Lebensraum, Heimat (wenn auch vorläufig und auf Zeit), Ort der Geborgenheit und des Dienstes.

Deshalb darf ich um Jesu willen, der Schöpfer und Erlöser ist, »ja« sagen zu dieser Erde, darf mich dem »alten Planeten« anvertrauen, darf hier den Ort finden, wo ich nach Jesu Platzanweisung und zu seiner Ehre leben kann und will.

(Die Graphik ist als Farbkarte erhältlich beim Bernhäuser Forst, Postfach 30 01 35, 70756 Leinfelden-Echterdingen)

Vom Ich zum Du

Jesu Kreuz, nicht Kains Axt

1. Johannes 3,7-18

»Kinder, laßt euch von niemandem verführen! Wer recht tut, der ist gerecht, wie auch jener gerecht ist.

Wer Sünde tut, der ist vom Teufel; denn der Teufel sündigt von Anfang an. Dazu ist erschienen der Sohn Gottes, daß er die Werke des Teufels zerstöre.

Wer aus Gott geboren ist, der tut keine Sünde; denn Gottes Kinder bleiben in ihm und können nicht sündigen: denn sie sind von Gott geboren.

Daran wird offenbar, welche die Kinder Gottes und welche die Kinder des Teufels sind: Wer nicht recht tut, der ist nicht von Gott, und wer nicht seinen Bruder liebhat.

Denn das ist die Botschaft, die ihr gehört habt von Anfang an, daß wir uns untereinander lieben sollen, nicht wie Kain, der von dem Bösen stammte und seinen Bruder umbrachte. Und warum brachte er ihn um? Weil seine Werke böse waren und die seines Bruders gerecht.

Wundert euch nicht, meine Brüder, wenn euch die Welt haßt.

Wir wissen, daß wir aus dem Tod in das Leben gekommen sind; denn wir lieben die Brüder. Wer nicht liebt, der bleibt im Tod.

Wer seinen Bruder haßt, der ist ein Totschläger, und ihr wißt, daß kein Totschläger das ewige Leben bleibend in sich hat.

Daran haben wir die Liebe erkannt, daß er sein Leben für uns gelassen hat; und wir sollen auch das Leben für die Brüder lassen.

Wenn aber jemand dieser Welt Güter hat und sieht seinen Bruder darben und schließt sein Herz vor ihm zu, wie bleibt dann die Liebe Gottes in ihm?

Meine Kinder, laßt uns nicht lieben mit Worten noch mit der Zunge, sondern mit der Tat und mit der Wahrheit«.

Unser Text kommt mir vor wie ein gewaltiges Gebirgsmassiv. Ich muß Sie also zu einer Bergtour einladen. Dabei wollen wir es nicht so machen wie jene zwei tollkühnen Bergsteiger, die ohne Führer und ohne Sauerstoffgerät den Mount Everest erklimmen wollten.

Wir brauchen einen Führer. Wer könnte besser sein als derjenige, der sagt: Ich bin der Weg! Und könnte es ein besseres Sauerstoffgerät geben als den Geist Gottes?

Der erste Gipfel: Christ und Sünde

Wir wollen versuchen, diesen Gipfel in drei Etappen zu besteigen. Diese drei Etappen (Verse 7-10) möchte ich mit je einem Zuruf bezeichnen.

Erster Zuruf: Den Hintergrund erkennen! (V. 8)

Im Alten Testament, im zweiten Buch der Könige, wird uns erzählt, wie die aramäischen Feinde Israel bekriegen wollen. Und sie sagen sich: Wir können nur dann erfolgreich sein, wenn wir zuvor den Gottesmann Elisa kidnappen und in unsere Gewalt bringen.

Darum belagern sie bei Nacht und Nebel die Stadt Dothan, in der Elisa sich mit seinem Diener aufhält. Als der Diener am Morgen das Fenster öffnet, da schreit er auf: »Feinde ringsum!« Elisa bleibt ganz gelassen. Er weiß, das ist nur der Vordergrund, und antwortet: »Auf unserer Seite sind mehr als auf der anderen Seite.« Dann hebt er die Arme zum Gebet und sagt: »Herr, öffne doch meinem Diener die Augen, daß er den Hintergrund sieht.« Erstaunt entdeckt der Diener um Elisa eine Mauer von feurigen Rossen und Reitern. »Auf unserer Seite sind mehr!«

Den Hintergrund erkennen! Wir brauchen Durchblick, Perspektive. Wir müssen durchschauen, damit wir nicht, mit Verlaub, nur glotzen und gaffen.

Was ist denn der Hintergrund – zum Beispiel in unserem persönlichen Leben, wenn da zu Hause in der Familie Streitigkeiten auftreten, spitze Bemerkungen fallen. Wenn man Psychologen fragt, sagen sie: »Da war Streß, Frustration und Aggression im Spiel.« Sicher richtig und sehr bedenkenswert. Aber das ist nur der Vordergrund.

Den Hintergrund entdecken! Herr, tue uns die Augen auf! Was ist der Hintergrund bei alledem?

Die Antwort lautet: im Hintergrund gibt es einen letzten Machtkampf zwischen *Gott und Satan,* zwischen Jesus Christus und der Sünde, zwischen der Wahrheit und der Lüge.

Und dies ist die Frage im Hintergrund: wer wird am Ende Recht behalten? Wer ist Gott, der wahre Gott? Derjenige, der uns geschaffen hat und den das Alte Testament einmal einen Liebhaber des Lebens nennt, oder der, den Gott auch geschaffen hat, der aber dagegen rebelliert, selbst Gott sein will und Mörder ist von Anfang an? Wer wird das letzte Wort behalten? Gott oder Satan? Wir müssen den Hintergrund entdecken!

Unser persönliches Leben und die ganze Weltgeschichte sind Kampfplatz für diese letzte Auseinandersetzung. Wir selber sind ein Schlachtfeld. Aber nicht nur das, wir sind auch aktiv beteiligt auf der einen oder der anderen Seite. Da gibt es keine neutrale Zone. Elias sagt: »Auf unserer Seite sind mehr als bei den anderen.« Der Sieg ist ja schon gewonnen. Die Schlacht ist nicht mehr offen. Herr ist Jesus!

Die entscheidende Schlacht ist bereits geschlagen an Karfreitag und an Ostern. Der Feind ist besiegt. Die Welt ist überwunden. Aber der Victory Day, der Jubeltag, steht noch aus. Wenn Jesus wiederkommt und alles neu macht, dann ist Victory Day. Und was liegt dazwischen?

Dazwischen erfolgen die verbissenen Rückzugsgefechte dessen, der schon geschlagen ist und sich immer noch so aufspielt, als wenn er der Sieger wäre und uns gewinnen und herüberholen könnte zu seiner Rebellion gegen Gott. Das ist der Hintergrund unseres Lebens.

Zweiter Zuruf: Laßt euch von niemandem verführen! (V. 7)

Ein altes Wort sagt: Der Teufel ist der Affe Gottes. Er macht Gott alles nach. Darum kommt er mit frommen Sprüchen, wenn er verführen will.

Zum Beispiel so: »Wie herrlich ist doch die Gnade.« Ja, das ist wahr. Wenn die Sünde mächtig geworden ist, ist die Gnade noch stärker. Wird die Gnade fertig mit einem Maulwurfshügel von Sünde? Gewiß! Wird sie fertig mit dem Alpenmassiv von Sünde? Keine Frage! Wird die Gnade fertig mit einem Mount Everest von Sünde? Ganz sicher! Das ist doch die frohe Botschaft, daß es in der ganzen Welt keinen Menschen gibt, der an seiner Sünde verloren gehen müßte. Die Gnade ist allemal größer.

Jetzt kommt der Satan und sagt: »Gegen die Sünde wirkt die Gnade wie eine große Müllvernichtungsanlage. Doch die braucht natürlich Material. Ihr müßt sie jetzt füttern. Sünde her, kiloweise, kubikmeterweise, bergeweise. Leute, ihr müßt sündigen, damit die Gnade beweisen kann, was sie schafft. Gebt der Gnade eine Chance, indem ihr massenweise sündigt!«

Das ist der Hintergrund in unserem Brief. Solche Leute sind da angesprochen: Kinder, laßt euch von niemandem verführen. Wer recht tut, der ist gerecht, wie auch jener gerecht ist.

Oder da gibt es einen anderen frommen Spruch: »Wie herrlich ist doch die Freiheit der Christenmenschen!« Und dann wird richtig gefolgert: »Ich bin davon frei, aus mir selbst etwas machen zu müssen. Mein Herr hat etwas aus mir gemacht.«

Doch jetzt kommt der Satan und sagt: »Nun müßt ihr zeigen, was ihr euch an Freiheiten leisten könnt.« Paulus hatte es in Korinth mit Leuten zu tun, die trugen gewissermaßen ein Abzeichen: »Jesus lebt!« Und dann entfalteten sie ein großes Plakat, auf dem stand: »Alles ist mir erlaubt.« Hinein ins Bordell! Warum? Da sollte Freiheit eines Christenmenschen demonstriert werden. Diese schmutzige Brühe dort, so sagten sie, perlt von uns ab wie das Wasser von einer Ente. Sie kann uns nichts anhaben. Wir haben die Sünde längst hinter uns. Halleluja für die Freiheit eines Christenmenschen!

Laßt euch nicht verführen! Luther sagt einmal: ein Mensch wird immer geritten. Er ist nie wie ein Fohlen, das da fröhlich auf der Weide herumspringt, sondern es sitzt immer einer darauf. Der Mensch wird entweder von Gott geritten, und damit zum Leben, oder vom Satan, und dann zu Schanden.

Wer sündigt, der ist nicht frei, sondern im Grunde eine armselige Schachfigur auf dem Brett des Teufels. Nur eine Marionette. Der Sünder kommt sich frei vor, aber er wird fremdgesteuert, er fühlt sich als Held und Recke und ist doch nur des Teufels Hampelmann.

Laßt euch nicht verführen, sagt der Apostel. Erkennt den Hintergrund!

Dritter Zuruf: Ihr könnt nicht mehr sündigen! (V. 9)

Geradezu beschwörend steht der Apostel vor uns: »Ihr könnt nicht mehr sündigen« (V. 9), ihr könnt es nicht! Wieso nicht? Was hat Gott eigentlich investiert in jeden von uns? Was sind wir wert?

Kidnapper fordern: »Fünf Millionen her, dann geben wir das Kind zurück. Fünf Millionen wird es euch doch wohl wert sein.« Das Neue Testament sagt: jeder von uns ist *einen Christus wert.* Das ist der Tarif, das ist Gottes Währung: jeder ist einen Christus wert. Wenn Gott das in uns investiert hat, können wir dann noch mit dem Satan sympathisieren?

Der Sohn Gottes ist gekommen, die Werke des Teufels zu zerstören. Wollen wir sie wieder aufbauen? Was die Sünde angeht, ist Jesus total kontra. Wollen wir da pro sein? Überläufer? Wollen wir Jesus Christus noch einmal kreuzigen? Ihr könnt nicht mehr sündigen, ihr Christenmenschen!

Ich sehe da einen Mann vor mir: einsfünfundneunzig groß, zweieinhalb Zentner schwer, wie ein Kleiderschrank. Er liest in der Zeitung, daß es heute in manchen großen Städten Asyle gibt für Frauen, die von ihren Männern verprügelt werden. Da steht er auf, dieser Zweizentner-Mann, legt seine Pranke um seine kleine Frau, die ihm nur bis zur Schulter reicht, und sagt: »Das könnte ich nie tun.« Ist ihm das etwa technisch unmöglich? Kann er das physisch nicht? Mit Leichtigkeit – nur ein Schlag! Aber: »Ich könnte das niemals tun, ich hab dich doch lieb!« Da spricht das Herz. Da geht es um Person und Willen, um Verantwortung und Gewissen. Um diese Ebene geht es auch hier:

Ihr könnt nicht sündigen, weil Jesus Christus euch das Herz abgewonnen hat. Ihr könnt nicht sündigen, weil ihr einen neuen Ursprung bekommen habt: ihr seid »von Gott geboren«. Als Gottes Kinder tragt ihr Gottes Art, Gottes »Charakter« an euch. Darum: ihr könnt nicht sündigen.

Wie kann das praktisch aussehen?

Da steht das Mönchlein Luther auf dem Reichstag zu Worms. Ihm gegenüber sitzt der Kaiser, da sind die Fürsten und Kardinäle, die Doktoren und Professoren. Luther steht vor ihnen und sagt: *»Ich kann nicht anders, Gott helfe mir.«* Kein stolzes, ein sehr demütiges Wort. Und als er dann in seine Herberge zurückkommt, wirft er die Arme in die Luft und ruft: »Jesus, ich bin hindurch!«

Warum jubelt er so? Nun, er hatte eine Sorge gehabt: der Kaiser und das Reich und die Fürsten würden ihm so imponieren, daß er am Ende der Wahrheit Gottes abschwören könnte. Von sich aus wäre er dazu sehr wohl fähig. Doch Gott hat ihn festgehalten. So kam es zu dem tapferen Satz: »Hier stehe ich, ich kann nicht anders.«

Bei den ersten Christenverfolgungen führte man Christen zu glühenden Opferschalen. Dann legte man ihnen ein Körnchen Weihrauch in die Hand und sagte: »Laß das Körnchen in die Schale fallen; dann hast du dem Kaiser Anbetung gezollt. Du brauchst kein Wort dabei zu sagen. Hinterher kannst du nach Hause gehen zu deiner Frau, zu deinen Kindern, du bist frei und darfst leben. Opferst du aber dem Kaiser nicht, dann warten die Löwen auf dich.« Da hat es Menschen gegeben, die bekannten: wir können nicht. Wir können unseren Herrn Jesus Christus nicht verraten.

Oder denken Sie an Joseph und an die attraktive Frau des Potiphar, die ihn becircen wollte! Joseph hatte sicher kein Wasser in den Adern, hatte ebenso Hormone in seinem Körper wie wir. Es war für ihn eine kritische Situation. Aber Gott hält ihn fest. »Wie könnte ich gegen Gott sündigen«, sagt er. – Ihr könnt nicht sündigen!

Und wenn es doch immer wieder geschieht? Wer von uns könnte das in seinem Leben bestreiten? Wer von uns müßte nicht jeden Abend bitten: »Und vergib uns unsere Schuld!«?

Der Apostel ist kein Perfektionist. Er behauptet nicht: Wir leben jenseits von Versuchung und Scheitern im Himmel. Im Gegenteil: »Wenn wir sagen, wir haben keine Sünde, so betrügen wir uns selbst, und die Wahrheit ist nicht in uns« (Kap. 1,8, und noch schärfer V. 10). Ein Perfektionist ist also für Johannes ein Illusionist, ein Träumer, ein Schwärmer.

Es geschieht also tatsächlich: Kinder Gottes sündigen! »Eine unmögliche Möglichkeit«, hat Karl Barth das genannt; zugleich ist es eine »mögliche Unmöglichkeit«. Das Ungeheuerliche geschieht wirklich.

Aber wie sieht es dann in uns aus? Kennen Sie das höllische Brennen im Gewissen, den Ekel gegen uns selbst? Wir werden uns selber widerlich. Wenn Gottes Kinder in Sünde fallen, dann gibt es nur eine »mögliche Möglichkeit«: die Flucht nach vorne in die Vergebung hinein. Denn die Verheißung gilt: »Das Blut Jesu, seines Sohnes, macht uns rein von aller Sünde« (Kap. 1,7 und 9).

Weg von der Sünde! – das war unser erster Gedankengang. Der zweite heißt: Hin zum Bruder!

Der zweite Gipfel: Der Christ und seine Geschwister

Wir nehmen uns wieder drei Etappen vor (Verse 11-18). Diesmal markieren wir sie durch drei Feststellungen.

Erste Feststellung: Bruderschaft ist Wunder (V. 12)

Bruderschaft ist keineswegs selbstverständlich. Da ist Peter, drei Jahre alt, ein aufgewecktes, fröhliches Kind. Plötzlich gibt es so etwas wie einen Wettersturz. Sein Sprechen bildet sich zurück, er lallt wieder wie ein Baby. Er will nicht mehr allein essen.

Was für eine Katastrophe ist in das Leben dieses kleinen Peter eingebrochen? Ganz einfach: er hat einen Bruder bekommen. Der Bruder wird ein Konkurrent. Stets sagt die Mama: Jetzt muß erst der Kleine gefüttert werden. Jetzt muß ich erst den Kleinen wikkeln. Du, Peter, kommst später dran.

Wie war das am Anfang der Bibel? Das erste Bruderpaar, Kain und Abel, ist geschaffen – und prompt geschieht der erste Mord. Als ob das selbstverständlich wäre, nur so möglich. Sobald Brüder da sind, ist der Mord fällig.

Warum wird Kain zum Mörder? Abel bedeutet, weil er vor Gott steht, eine ständige Provokation für den Bruder. Er stört den Kain ständig beim Sündigen. Und das bringt ihn so auf, daß er sagt: »Der Abel muß weg, damit ich machen kann, was ich will.« Er empfindet seine Tat als einen Akt innerer Notwehr. So erfindet Kain die Axt der Steinzeit, die Axt als Instrument für praktizierte »Bruderschaft«.

Nun, diese Steinzeitaxt ist inzwischen raffiniert verfeinert worden. Es kam die Französische Revolution mit der Parole »Brüderlichkeit«. Alle Menschen werden Brüder. Alle sind frei, alle sind gleich, alle sind Brüder. Wunderbar! Aber man setzte die Guillotine ein, das Fallbeil, die verfeinerte Axt des Kain, um sich von denen zu befreien, die im Wege waren. Köpfe mußten rollen für die Brüderlichkeit.

Wenn Christen wirklich *Geschwister* werden, dann ist ein Wunder passiert. Weniger als ein Wunder wäre zu wenig.

Zweite Feststellung: Bruderschaft ist Leben

»Wir sind aus dem Tode ins Leben gekommen, denn wir lieben die Brüder« (V. 14).

Was ist also die Voraussetzung für Bruderliebe? Daß man vom Tod ins Leben gekommen ist.

Ja, was ist das für ein Umzug! Was ist das für eine Verpflanzung, für eine Umtopfung! Da wird einer beim Schopf gefaßt und über einen klaftertiefen Abgrund hinweggeholt, aus dem Tod herein ins Leben.

Bei dieser Reihenfolge muß man staunend stehenbleiben. Das dreht doch alles herum, was es in unserer Welt gibt. Wir kennen nur das umgekehrte Gefälle: vom Leben hinein in den Tod. Von dem Augenblick an, wo wir gezeugt und empfangen werden, ist eine Lebensuhr in uns eingebaut. Eine bestimmte Anzahl von Zellteilungen ist in unserem Leben vorgesehen. Und eines Tages schaltet sich auch ganz ohne äußere Einwirkungen diese Uhr ab, und der Tod ist da. Das heißt: schon der Geburtsschrei des Babys ist unterwegs zum letzten seufzen des Sterbenden. Das ist das Gefälle dieser Welt. Eine Einbahnstraße, so scheint es.

Doch jetzt kommt Gott und sagt: aus dem Tod ins Leben hinein! Da wird alles herumgedreht.

Wie ist das möglich, daß Menschen sagen können: »Den Tod haben wir hinter uns. Im Leben stehen wir drin, und es liegt vor uns«? Wie ist das möglich? Da ist einer gekommen und hat die Brücke gebaut.

Wir stehen staunend vor einem Wort in der Offenbarung des Johannes (1,18). Jesus sagt dort: »Ich *war* tot.«

Ja, wenn das wahr ist, dann ist das nicht eine Ausnahme von der Regel, sondern dann ist die Regel zertrümmert, dann ist der Tod selber getötet. Dann kann ich mit Paulus sagen: Diese Auferweckung Christi gilt nicht nur für ihn selbst, sondern für alle, die zu ihm gehören.

Im Kolosserbrief heißt es: Wir sind der Leib Christi, mit ihm zusammengewachsen, und er ist das Haupt. Luther beschreibt das einmal sehr anschaulich: Eine Hebamme hilft bei der Geburt eines Kindes. Auf einmal geht ein Lächeln über ihr Gesicht. Warum? Der Kopf ist durch. Nun ist alles gewonnen. Die ganze Entbindung ist geglückt, wenn der Kopf das Licht der Welt erblickt.

»Der Kopf ist durch! Jesus Christus, das Haupt, ist im Leben. Deshalb ist unsere Auferstehung schon mehr als zur Hälfte geschehen. Denn wir sind mit ihm zusammengewachsen.« Er ist das Haupt, und wir sind mit ihm verbunden in das Leben hinein. So wird Bruderschaft geboren.

Was sind Brüder? Brüder sind im wörtlichen Sinne »Lebensgefährten«. Was den einen Bruder freut, freut sie alle. Was den einen Bruder schmerzt, schmerzt sie alle.

So ist das auch im Christenleben. Wir gehören zusammen in Bruderschaft und Lebensgemeinschaft.

Dritte Feststellung: Bruderschaft ist Hingabe (V. 16-18)

Bruderschaft ist Opfer. Es gibt nur zwei Grundformen des Lebens. Das Modell Kain – da regiert der Egoismus, da arbeitet die Axt. Und das Modell Jesus Christus – da regiert die Hingabe des Lebens, da steht das Kreuz.

Jesus hat den neuen Lebensstil geschaffen. Johannes sagt: Daran erkennen wir die Liebe: Er hat sich für uns hingegeben. Und jetzt, folgert er ohne Zögern, schulden wir unserem Bruder das Leben.

Leben heißt im Griechischen »Zoä«. »Zoä« ist das Leben, das Gott wirkt. Ein anderes Wort für Leben im Griechischen heißt »Bios«, das bezeichnet das alltägliche Leben, auch die Lebensmittel. Essen und Trinken und der Geldbeutel, das alles gehört zum »Bios«.

Und nun sagt Johannes: Wenn ihr das Leben, das ewige Leben bekommen habt (»Zoä«), dann ist es nicht mehr als recht und billig, im Namen Jesu den »Bios« hinzugeben. Wenn mein Leben dem Bruder gehört, kann ich mit dem »Bios« nicht mehr knausern.

Leben für den Bruder hingeben – kann das wörtlich gemeint sein? Ja, das kann wörtlich gemeint sein. Ich denke an Maximilian Kolbe, den katholischen Pater, der sich im Konzentrationslager für einen jungen

Mann, der Familie hatte, freiwillig in den Bunker einsperren ließ, wo er verhungerte und verdurstete. Manche Leute meinen: »Das war Selbstmord.« Nein, das war nicht Selbstmord, sondern Lebenshingabe im Namen Jesu. Das ist der Höhepunkt der Liebe.

Und was ist die Talsohle? Johannes sagt: Du hast ein volles Portemonnaie, und neben dir gibt es hungernde Brüder. Kann das denn angehen unter Brüdern? Wer »Zoä« hat, das ewige Leben, der soll den »Bios«, die Mittel zum Leben, nicht in seiner Hand und Tasche verschließen.

Martin Luther urteilt: »Was man übrig hat und womit man nicht hilft, das ist vor Gottes Augen gestohlen.« *Bruderschaft heißt Lebenshingabe.*

Die Pflicht fragt immer nach der Grenze. Sie stellt fest: Jetzt ist es genug. Aber die Liebe weiß von keinem Ende. Sie kann keinen Vorbehalt machen. Was ist das für eine Liebe, die sagt: Ich will dem Nächsten dienen, aber es darf mich nichts kosten. Ich will den Nächsten lieben, aber eine schlaflose Nacht – das ist zuviel. Ich will den Nächsten lieben, aber meine Gesundheit darf das keinesfalls schädigen. Liebe im Sinne Jesu Christi ist Sterbebereitschaft.

Eros – der Vagabund

Liebe zwischen Mann und Frau ist normalerweise nicht geplant, nicht gemacht, sondern fährt wie ein Blitz aus heiterem Himmel über zwei Menschen hin. Sie trifft sie mit elementarer Gewalt. Unter diesem Geschehen sagt einer zum anderen nur ein Wort: DU!

Dieses eine Wort DU gliedert sich auf. Es will heißen: Du in Totalität, mit der Ganzheit Deines Lebens, mit all Deinen Neigungen und Interessen, DU ganz! – DU! Das sagt zum zweiten: Du ganz allein. Das meint Exklusivität: außer Dir niemand! – DU! Das sagt schließlich: Du ohne Wechsel und Tausch. Du für immer. DU, Du ganz, Du allein! Du total! Du exklusiv! Du für immer!

Du und ich

Diese drei Wünsche sind im Augenblick der Liebesbegegnung in das Wort DU eingepackt. So redet der Eros. Das heißt, aus dem, was zwei Menschen widerfahren ist, entspringt ein Entschluß. Liebende wollen ihr Erlebnis nicht nur dem Augenblick überlassen. Es soll den Charakter des Für-Immer bekommen. Aus dem Augenblick sollen Dauer und Beständigkeit erwachsen. An diesem Punkt wandelt sich die Liebesbeziehung in den Entschluß zur Ehe.

Wo der Augenblick Dauer bekommen soll und wo man die Begegnung nicht dem Augenblick überläßt, sondern dem Augenblick eine »Bleibe«, eine »Wohnung« schaffen will, da wird das *Ereignis* Liebe zur *Gestalt* der Ehe (C. H. Retschow): Du und ich, ich und Du, wir wollen beieinander bleiben! Es gehört zum Dramatischen des Eros, daß er ganz laut singt: Auf ewig Dein! Aus dem Augenblick soll Dauer werden, zu der Liebe oder dem Verliebtsein soll sich beständige Treue gesellen.

Der Vagabund

Doch zum Charakter der »gefallenen Welt«, zum »Schema« dieser Welt gehört: Eros wünscht sich nicht nur Ganzheit und Dauer. Eros ist zugleich ein Vagabund. Da hat der Hans für die Grete empfunden: Du ganz, Du allein und Du für immer! Dann verblaßt der Eros, und die Töne, die er so laut herausgesungen hat, werden immer leiser. Du ganz – naja; nur Du? – Das wird ihm immer problematischer; und Du für immer? – Eigentlich will Hans das gar nicht mehr. Und dann geht plötzlich ein neuer »Star« am Horizont auf, und schon blüht der Eros wieder auf, wechselt zu einem anderen Menschen hinüber und sagt erneut: Du ganz, Du allein und Du für immer!

Das Problem ist: der Eros sagt mit diesen drei Sätzen etwas tief Wahres über das Wesen der Liebe aus, er kann aber selbst nicht für die Dauer der echten Empfindungen garantieren. Darum hat die Erfahrung der Liebe und der Verliebtheit den Charakter des

Schweifenden an sich. Der Eros, eine gute Gabe aus Gottes Schöpfung, ist gleichzeitig der gefallene Eros, der die Liebe in einen tödlichen Selbstwiderspruch verwickelt. Einerseits richtet sie sich auf »Ewigkeit« aus, also auf Ehe und Dauer, im Widerspruch dazu aber steht, daß Eros, der Vagabund, grundsätzlich fähig ist, seine Sätze auch zu einem anderen Menschen zu sagen. Kulturgeschichtlich hat die Romantik den Eigenwert der Liebe erkannt. Seit der Romantik pflegen wir Ehe auf Liebe zu gründen (Das klassische Bild für die Romantik war dies: der Mensch ist wie eine Halbkugel, für die es nur die schicksalhaft *eine* Entsprechung gibt). Aber eben die Romantik entdeckte schon, was Franz Schubert im ersten Lied seiner »Winterreise« seinen tragischen Helden singen läßt: »Die Liebe liebt das Wandern ...«

In der Antike betrachteten die Griechen Eros als Gott, weil er mit so übermenschlicher elementarer Gewalt dreinfahren kann wie ein Blitz aus dem Himmel, der Menschen trifft. Er bringt sie zum Glühen und Leuchten. Die Sage berichtet, daß seine Eltern arm waren. Doch sein Vater wußte immer einen Weg zu finden, um sich zu verschaffen, was er begehrte. Genau wie seine Eltern ist auch Eros ein Habenichts, doch er hat von seinem Vater die Fähigkeit geerbt, sich zu beschaffen, was er sich erträumt. Sehnsucht bestimmt sein Wesen, das Nicht-Haben und Aus-Sein-Auf.

Begegnet nun diesem armen Habenichts etwas Schönes und Begehrenswertes, so will er es unbedingt erwerben. Er möchte seine Sehnsucht stillen und glücklich sein. Das gilt für die Beziehung zwischen Mann und Frau. Aber im weiteren Sinne ist Eros die Liebe zu allem Schönen, zu allem, was man begehrt, weil es erfüllt, glücklich und reich macht. Auch die Liebe zur Musik ist Eros-Liebe oder die Liebe zur Malerei oder zur Natur.

Ich liebe Mozart-Sinfonien oder Bachsche Orgelwerke, weil da eine Welt voller Schönheit ist, die mich ausfüllt. Andere stehen früh auf und kraxeln auf einen Berg, um auf einem Alpengipfel einen Sonnenaufgang zu erleben. Das ist, was sie reich und froh macht. Alle Liebe, die sich am Großen, Reichen, Schönen entzündet, ist Eros.

So kommt Eros aus der Leere und drängt zur Fülle. Er kommt aus dem Mangel und möchte den Reichtum. Eros ist immer auf etwas aus. In der Begegnung zwischen den Geschlechtern ist er darauf aus, den anderen zu finden. Dabei kann er nur lieben, was er für liebenswert hält. Es gehört zu Eros, daß er nicht das Häßliche liebt, sondern das Schöne, nicht das Erbarmenswerte, sondern das Entzückende.

Die Eros-Liebe sagt also: Ich liebe Dich, weil du *so* bist, so schön, so reich begabt, so freundlich, so lieb, so geduldig. Sie hat immer etwas Wertschätzendes an sich. Sie entdeckt die Qualität des anderen für sich.

Eros liebt prinzipiell nie das Häßliche, denn er ist ja arm, möchte reich werden. Die Eros-Liebe entzündet sich immer am anderen, weil sie etwas Schönes, Verlockendes, Großartiges an ihm findet. Ein Philosoph unserer Gegenwart hat einmal gesagt: »Eros ist wie das Echo, und er ist eine Art Hunger.« Darin unterscheidet er sich himmelweit von der Liebe Gottes, der uns nicht liebt, weil wir liebenswert sind. Ganz im Gegenteil, erst wenn Gott uns liebt, werden wir liebenswert. Die *Eros*liebe sagt: Ich liebe Dich, weil du *so* bist, Gottes *Agape* aber: Ich liebe Dich, weil du *bist!*

Die Liebe

Unübertrefflich ist Martin Luthers Definition: »Die Liebe Gottes (Agape) findet ihren Gegenstand nicht vor, sondern schafft ihn sich. Die Liebe des Menschen (Eros) entsteht an ihrem Gegenstand«. Eros entdeckt, Gottes Liebe erschafft, Eros ist reaktiv, Gottes Liebe kreativ, Eros ist immer schon Antwort, Gottes Liebe ist reine schöpferische Spontaneität.

Trotzdem: bei allem inneren Selbstwiderspruch des Eros ist uns Menschen die Liebe zwischen Mann und Frau wie ein Aufleuchten aus dem Paradies. Die entscheidende Frage lautet also: Gibt es eine Möglichkeit, daß dieser Vagabund Eros von seiner schweifenden Unbeständigkeit und seiner unersättlichen Gier befreit wird, daß er wieder das wird, als was er von Gott ursprünglich gemeint war? Kann man den Eros heilen, gesunden lassen? Kann man den schweifenden Eros erlösen, damit wahr wird, was er eigentlich möchte: Du und ich, ich und Du, wir wollen beieinander bleiben? Kann der Eros zu sich selbst, zu seiner ureigenen Bestimmung befreit werden?

Hinter dieser Frage verbirgt sich eine zweite, nämlich die: *Was ist die besondere Chance der Ehe unter Christen?* Es wäre unsinnig zu behaupten: Nur Christen können eine gute Ehe führen. Denn es gibt Nichtchristen, die gute Ehen führen, und es gibt Christen, die miserable Ehen führen; beides ist Tatsache. Es gibt genug Beispiele für die bewundernswerte Treue, mit der Männer und Frauen, die nicht an Gott glauben, selbst unter großer Belastung zueinander stehen. Man kann im Blick auf sie nur bescheiden beten: Herr, schenke ihnen dazu noch jene andere Dimension von Liebe und Treue, die in Dir begründet ist. Die Treue, wie sie zwischen Menschen, die nicht an Christus glauben, gelebt wird, ist schon etwas Erstaunliches, und wir haben keinen Grund, pharisäerhaft hochmütig zu meinen, wir könnten mit dem Hinweis auf die guten Ehen von Christen eine Art moralischen Gottesbeweis gegen die Nichtchristen führen.

Wenn wir also nach der besonderen Chance fragen, die Christen für die Gestaltung ihrer Ehe haben, dann ist die Antwort nicht rechthaberisch gegen andere gerichtet, sie will nur ernstnehmen, »auspakken«, was uns Christen geschenkt ist. Die Antwort heißt: Gottes Agape, seine freie Liebe und liebende Treue will unseren schweifenden Eros von allen Seiten umfassen und tragen. Christen kennen Krisen des Eros in ihrer Ehe wie andere Leute auch. Das ist nicht das Schlimme. Schlimm werden diese Krisen erst dann, wenn man sie unter dem Druck einer frommen

Selbstüberforderung verdrängt. Wir kennen unter Christen eine Operetten-Frömmigkeit, eine Keep-Smiling-Ideologie, die besagt, daß es niemanden etwas angehen dürfe, wie es in mir aussieht. Wenn ich den strahlenden Sonnenschein schon nicht in mir trage, dann darf dies meine Umgebung wenigstens nicht merken. Ich muß mein Niveau wahren. Damit heucheln wir uns ein Standardchristentum vor, auch wenn wir ganz am Boden liegen. Hier müssen wir deutlich sagen, daß auch die Liebe von christlichen Ehepaaren Durststrecken durchleiden kann. Entscheidend ist, daß es eine Liebe gibt, die uns mitsamt unseren Krisen trägt und umfängt, so daß wir aus der Liebe Gottes miteinander leben können.

Wenn wir wissen, daß der Eros ein Vagabund ist, der sich sehnsüchtig hier und dort an Schönem entzündet, dann wissen wir auch, daß wir dem Eros letztlich nicht trauen dürfen. Dann wissen wir vor allem, daß unsere Liebe zueinander den tiefsten Durst unseres Lebens nicht stillen kann. Diesen Durst stillt nur der, der von sich sagt, daß er selber die Quelle des Lebens ist.

Kein Mensch kann einen anderen Menschen im Letzten ausfüllen; keine Kreatur kann das! Antoine de Saint-Exupéry sagt: »Lieben bedeute nicht, sich ständig gegenseitig anzusehen, sondern miteinander in dieselbe Richtung zu blicken.«

Die Vergebung

Für die Ehe heißt das: Wenn wir miteinander und aneinander versagt haben, können wir immer wieder mit dem Gefährten unseres Lebens zu Jesus kommen und sagen: Herr, wir sind aneinander schuldig geworden. Und wir können ihn miteinander um Vergebung dieser Schuld bitten. Da fragen wir nicht mehr nach der »idealen Ehe«. Die gibt es nicht! Die Chance der christlichen Ehe besteht darin, daß sie um Jesu Christi willen unter der Vergebung gelebt werden kann und daß aus der Vergebung heraus auch der Eros immer wieder neu aufblühen darf. Der Eros erneuert sich unter Gottes liebender Treue. Er muß um der gemeinsam erfahrenen und einander zugesprochenen Vergebung willen nicht mehr lüstern umherschweifen. Er kann die Seitensprünge seiner Verliebtheit überwinden. Luther hat einmal gesagt, man könne die Krähen nicht daran hindern, daß sie einem um das Haupt flattern, aber man könne sie daran hindern, daß sie dort ein Nest bauen.

Viele Ehen haben die Erfahrung gemacht, daß das Leben miteinander von Jahr zu Jahr schöner, reicher, voller und tiefer wird: wir lernen einander immer mehr schätzen, auch mit dem, was uns aneinander fremd ist; und wir lernen miteinander unseren Herrn Jesus Christus besser kennen. Wir haben miteinander eine Aufgabe in seinem Dienst, ein gemeinsames Thema. Der vagabundierende Eros dagegen hat sich in unserer Gesellschaft verselbständigt und erzeugt eine nach und nach eintretende oder stufenweise fortschreitende »Polygamie« (d.h. man lebt jeweils in einer Einehe, aber die Einehen reihen sich kettenweise aneinander, so daß schließlich die sukzessive Polygamie, die Vielehe, unsere Gesellschaft bestimmt).

Bei Jesus aber sind *Liebe und Treue* von vornherein beieinander. Darum können wir uns als Ehepartner immer neu in dieser Ehe bergen. Sie ist wesenhaft *vergebende* Liebe. Entsprechend gilt für die, die sich auf ihn berufen, ein Satz, den der Dichter Manfred Hausmann einmal so formuliert hat: »Liebende leben von der Vergebung.« Wenn ein Ehepaar diesen gemeinsamen Bezugspunkt hat, erwartet keiner vom anderen die Erfüllung seiner heimlichen Wünsche nach Seligkeit. Wir wissen: diese Seligkeit können Menschen einander nicht geben. Christen sehen ihre Ehe sachlich: sie ist nicht die Seligkeit des Himmels und ist doch ein Stück Paradies in der gefallenen Welt, vorausgesetzt, daß sie umfriedet ist von der Agape Gottes, die vergibt und bei der *Liebe und Treue* beieinander wohnen.

Das also ist die besondere Chance, die Christen für ihre Ehe haben, daß die Liebe zwischen Mann und Frau ihr Fundament in der Liebe Gottes hat, die uns trägt, auch da, wo wir scheitern. Jetzt muß der Eros nicht zerbrechen, weil er sich immer wieder erholen und ausruhen kann in der treuen Liebe Gottes. Wenn also der Hans seine Grete gefunden hat, und wenn sie beide dem Herrn Jesus gehören, dann muß man um ihr Miteinander keine Angst haben. Dann wird Eros, dieser schweifende Vagabund, erlöst. Nicht wir werden vom Eros erlöst, das wäre ganz schrecklich, sondern der Eros selbst wird dazu erlöst, daß er aufblühen und in Treue leben kann. Eros von der Agape behutsam und fest umfangen!

Alle Christusfreude, auch die der Ehe, lebt von dem Dreitakt: »Alles ist euer; ihr aber seid Christi, Christus aber ist Gottes« (1. Kor 3,22).

Ewigkeit

Er ist nicht tot, er lebt!

Meine Frau und ich waren eingeladen bei einem Ehepaar, das wir bis dahin noch nicht kannten. Er ist Kinderarzt, seine Frau Krankenschwester. Sie stammt aus Korea. Sie hatten sich in einem deutschen Krankenhaus kennengelernt. Im Februar letzten Jahres war ihr fast vierzehnjähriger Sohn Norman plötzlich tödlich verunglückt.

Sie hatten Urlaub gemacht in Österreich, in den Bergen. Der Junge wollte am Abend noch eine kleine Bergtour für sich allein unternehmen und kam nicht zurück. Die Bergwacht hat ihn dann geborgen. Er war ausgeglitten an einer Stelle, an der das Buchenlaub rutschig war, und dann eine vierzig Meter hohe senkrechte Felswand hinabgestürzt.

Nun hatten uns die Eltern eingeladen, weil es so etwas gibt wie Verwandtschaft unter Menschen, die Ähnliches erlebt haben.

Doch zu der äußeren Geschichte gehört auch etwas von der inneren Geschichte der Eltern. Darüber berichtet der Vater in einem Büchlein, das er zur Erinnerung an seinen Sohn geschrieben hat: »Durch den Tod meines Vaters vor 24 Jahren hatte ich meinen Glauben an Gott verloren. Mein Vater war aus dem Krieg zurückgekommen und viele Jahre schwer krank. Jeden Tag betete ich zu Gott, er möge ihn doch gesund machen. Aber mein Vater wurde immer kränker und stürzte sich schließlich in geistiger Umnachtung selber zu Tode. Ich habe seinen Tod damals nicht verstanden. Ich machte Gott Vorwürfe. Ich klagte ihn an, daß er meine Gebete nicht erhört hatte. Ich fand aber auch niemand, der mir Trost gegeben hätte. Dann bin ich aus der Kirche ausgetreten. Doch ich erfüllte den Wunsch meines Vaters, Medizin zu studieren und Arzt zu werden.«

Das ist der Hintergrund, in dem Norman großgeworden ist.

»Ich weiß, an wen ich glaube!«

Aber nun die Geschichte des Jungen. Er war hochbegabt, aber krank, ein Allergiker und Asthmatiker. Einer, der mit der Umweltverschmutzung, mit der verdorbenen Luft, ständig seine Not hatte. Das brachte den Vater dazu, sich intensiv in Sachen Umweltschutz zu engagieren. Schließlich baute er um den Sohn ein fabelhaftes Haus, ein Holzblockhaus, nur von einem Kamin beheizt, so daß möglichst keine Umweltverschmutzung auftrat und immer die richtige Luftfeuchtigkeit vorhanden war.

Als Allergiker mußte Norman zu einer Kur an die Nordsee. Da gibt es ein Spezialkinderkrankenhaus, das von Diakonissen geleitet wird.

Und dort erlebte er nicht nur die Wirkung des natürlichen Aerosol auf seine Lungen, sondern auch eine merkwürdige Begegnung mit der Bibel. Es war für die Eltern überraschend, als der Junge sagte: »Ich will eine eigene Bibel haben.« Und er kaufte sich eine von seinem Taschengeld. Aus freien Stücken ging er dann in die Jungschar und fuhr mit zu Freizeiten. Bei einer dieser Freizeiten fand er zum lebendigen Glauben an Jesus Christus.

Mit zwölf Jahren erklärte er: »Jetzt will ich getauft werden.« Der Vater war skeptisch. »Was willst du damit? Das ist doch nur eine große Fete, die viel Aufsehen macht. Und natürlich gibt es auch Geschenke.« »Ich bin Christ«, sagte der Junge bestimmt und bewußt, »und weil ich Christ bin, will ich getauft werden.«

Der Pfarrer kam zum Hausbesuch und besprach mit der Familie, wie die Taufe gestaltet werden solle. Und der Junge nannte seinen Taufspruch, den er sich selbst aus der Bibel herausgesucht hatte: »Ich bin die Auferstehung und das Leben. Wer an mich glaubt, wird leben, auch wenn er stirbt. Und wer da lebt und glaubt an mich, wird niemals sterben« (Joh 11,25-26).

So war Norman auf eigenem Wege ein fröhlicher und engagierter Christ geworden. »Ich bin das Leben«, sagt Jesus, und Norman schloß sich diesem Leben an. Und dann war Norman tot.

In diesen so dunklen Tagen geschah das, was man nur ein Osterwunder nennen kann. Der Tod des Jungen führte die Eltern zum Glauben an Jesus Christus und zu der Überzeugung: unser Sohn lebt, und es geht ihm gut.

Beide Eltern hatten erkannt: Norman lebt, weil er bei demjenigen ist, dem er sein Leben anvertraut hat, bei Jesus, der sagt: »Ich bin die Auferstehung und das Leben.« In der Tat ein Osterwunder: daß ein Mensch, der aus Enttäuschung mit Gott gebrochen oder kaum

Kontakt zum christlichen Glauben hatte, ausgerechnet durch den Tod des Sohnes zu einem Osterglauben kommt und mitten in aller Trauer getröstet ist.

Und Normans Tod zog Kreise. Der Pfarrer einer baptistischen Gemeinde, die viel für die Eltern des Jungen gebetet hatte, erzählte dem Ehepaar: »Unser Sohn will sich taufen lassen! Gerade dieser Sohn hatte manche Vorbehalte gehabt gegen den christlichen Glauben. Wieso man eigentlich Christ werden müsse, hatte er gefragt. Der Buddhismus sei doch auch ganz interessant. Warum gerade Jesus? Die Geschichte mit Norman hatte ihm in seinen Zweifeln und Bedenken Klarheit geschenkt: Jesus Christus ist der Herr! Und nun seine Bitte: ›Ich will mich *jetzt* auch taufen lassen.‹«

»Du bist zu spät gekommen!«

»Ich bin die Auferstehung und das Leben«, sagt Jesus. »Wer an mich glaubt, wird leben, auch wenn er stirbt.« Das sagt er, als sein Freund Lazarus gestorben ist. Dessen Schwester Martha ist tief enttäuscht und macht Jesus Vorwürfe. »Du bist zu spät gekommen. Wenn du doch eher dagewesen wärest!« Es gibt im Neuen Testament keine einzige Geschichte, in der ein Mensch in der Gegenwart Jesu stirbt. Da, wo Jesus ist, hat der Tod seine Macht verloren. Und jetzt fährt Jesus fort: »Dein Bruder wird auferstehen.« Und Martha antwortet – so wie sie es gelernt hat –: »Ja, ja, natürlich, am Ende der Tage, bei der Totenauferstehung.« Sie kennt ihren Katechismus und weiß: Mit dem Tode ist nicht alles aus. Auch im Judentum gab es Leute, die bezeugten, am Ende steht Gott. Und wenn Gott am Ende steht, muß auch der Tod kapitulieren. Am Ende der Tage geschieht die Auferstehung der Toten.

»Aber«, beklagt sich Martha, »was habe ich jetzt davon? Ein Ereignis, das irgendwann einmal stattfindet, – was hilft es mir heute?« Darauf sagt Jesus das merkwürdigste all seiner Ich-bin-Worte: »Ich bin die Auferstehung.« Ist das nicht seltsam? Die Auferstehung ist doch ein *Vorgang*, etwas, das irgendwann einmal passiert, wenn Gott am Jüngsten Tag die Toten lebendig macht. Und jetzt verwandelt Jesus alles: »Ich *bin*«, sagt er. »Wenn ich hier stehe, dann steht die Auferstehung leibhaftig vor euch. Ich bin die Auferstehung in *Person*.«

So wird aus einem Ereignis, aus etwas, *jemand*, eine Person – die Person Jesu. Und aus etwas, das irgendwann in der Zukunft einmal sein soll, wird Gegenwart: »ICH BIN die Auferstehung!«

Jesus meint damit: Wenn jemand bei mir ist, dann ist er im Grunde schon in der Auferstehung. Er ist bereits in die Auferstehung hineingezogen. Deshalb kann er sagen: »Der wird leben, auch wenn er stirbt.« Denn im Grunde wird er gar nicht mehr sterben.

Ist das nicht ein ungeheurer Satz im Neuen Testament: »Wer an mich glaubt, *wird nimmermehr sterben*!« Menschen, die in Jesus sind, mögen zwar durch den biologischen Prozeß des Abbaus hindurchmüssen, den wir Sterben nennen, aber eigentlich ist es kein Sterben, denn sie sind und bleiben im Leben!

Im alltäglichen Denken sieht das ganz anders aus. Wenn ich in meinem Lexikon unter dem Stichwort

»Leben« nachschaue, ist da von Wachstum die Rede, von Stoffwechsel und von Fortpflanzungsfähigkeit. Und am Ende des Artikels über den Begriff »Leben« heißt es: Wenn das alles aufhört, spricht man vom Sterben, und das Ende heißt Tod. Schlage ich beim Stichwort »Tod« nach, so lese ich: »Tod nennt man den Zustand, in dem die Lebensfunktionen nicht mehr da sind.« Man wird im Lexikon also von einem zum anderen Artikel geschickt. Leben ist, wenn Tod noch nicht ist. Tod ist, wenn Leben nicht mehr ist. Das eine wird durch das andere definiert.

Wir waren lebendig und doch tot!

Doch Jesus sagt das ganz anders: Das Leben bin ich selbst. Leben, das ist Gott, der Ursprung allen Lebens. Leben heißt, in Verbindung mit Gott sein. Und Tod ist: von Gott geschieden sein. Da werden nicht Leben und Tod im Gegensatz zueinander definiert, sondern an einem Dritten, dem Ersten! Leben heißt Gesprächs-, Lebensgemeinschaft mit Gott haben, und Tod heißt Gottesferne.

»Wer den Sohn Gottes hat, hat das Leben. Wer den Sohn Gottes nicht hat, der hat das Leben nicht.« Das ist in der Tat sehr merkwürdig. Wenn wir uns jetzt überlegen wollten, wer und wo sind Lebende, würden wir sagen: »Das ist doch klar. Wir hier sind Lebende.« Danach gefragt, woran man das erkennen könne, würden wir antworten: »Wir können uns bewegen, unsere Gehirnzellen funktionieren, wir können aufeinander hören, miteinander sprechen, atmen, unseren Puls fühlen – also leben wir. Dafür gibt es genug Merkmale.«

Und wenn man uns fragte, wo sind die Toten, würden wir sagen: »Die liegen draußen auf dem Friedhof in der Erde. ›Asche zu Asche, Staub zu Staub.‹ Hier die Lebenden – da die Toten.« So ist das schiedlich-friedlich verteilt.

Nun aber heißt der Satz: »Wer den Sohn Gottes hat, der hat das Leben, und wer den Sohn Gottes nicht hat, der hat das Leben nicht.« Ein Lebender, bei dem der Puls schlägt, gibt vielleicht ehrlich zu: »Eine Beziehung zu dem Sohn Gottes? Nein, die habe ich nicht.« Zu dem müßte man dann sagen: »Wer den Sohn Gottes nicht hat, der hat das Leben nicht!« So kann jemand biologisch gesund, vital sein und stolz darauf, daß er fünf Jahre nicht beim Arzt war. Und doch ist er im Urteil Gottes tot, denn – »wer den Sohn Gottes nicht hat, der hat das Leben nicht.«

Er kam als Mensch zu uns

Umgekehrt gilt: Über Menschen, deren Leiber schon seit Jahrhunderten auf den Friedhöfen liegen, müssen wir urteilen: sie leben! »Denn wer den Sohn Gottes hat, der hat das Leben!« Und wer im Glauben an Jesus Christus gestorben ist, der lebt in Ewigkeit.

So muß sich jeder von uns fragen: Lebe ich eigentlich? Und es genügt nicht, sich als Antwort darauf den Puls zu fühlen. Nur wer den Sohn Gottes hat, der hat das Leben.

Aber kann man denn den Sohn Gottes *haben*, – haben wie einen Besitz? Mir gehört vielleicht ein Plattenspieler, auch ein Auto und eine ganze Menge Bücher. Das alles kann man haben. Kann man aber auch Menschen haben? Sicherlich, ich habe eine Frau, und meine Frau sagt: mein Mann. Ich habe Söhne. Und die Söhne sagen: unsere Eltern. Wir haben Freunde, Nachbarn, Arbeitskollegen. Nur das Menschen-Haben ist ein anderes Haben als ein Auto zu besitzen. Wenn ich eine Frau habe, ist das nicht einfach ein Besitz. Dazu gehört vielmehr eine lebendige Beziehung. Ich muß mich investieren, mich selbst dreingeben. Dazu gehört Liebe, Vertrauen, das Gespräch. Wenn das fehlt, kann eine Ehe zwar rechtlich existieren, aber im Grunde »hat« man sich gar nicht mehr. Man hat keine Gemeinschaft miteinander.

Kann man aber den Sohn Gottes *haben*?

Die ganze Bibel hat ein Thema: Gott möchte sich so »habhaft« machen, daß wir ihn fassen, halten, haben können. Der christliche Glaube verkündigt, daß Gott Mensch geworden ist und sagt damit genau das: Gott wollte sich habhaft machen für uns. Darum ist er auf unser Niveau heruntergekommen – in Krippe und Windeln. Dieses Kind in den Windeln ist in unsere ganze arme, kümmerliche Menschheit hinabgestiegen. »In unser armes Fleisch und Blut«, heißt es im Gesangbuch.

Oder meinen Sie, wenn es kalt war, habe Jesus nicht gefroren? Und wenn ihm Wasser fehlte, habe er keinen Durst gehabt? Und wenn man ihn schlug, habe er keinen Schmerz empfunden und nicht geblutet?

Jesus kriecht ganz hinein in unser armes Fleisch und Blut und bleibt doch ganz mit dem Vater verbunden. Und er tut noch mehr. Er kriecht sogar unter das, was wir selber immer wieder nicht wahrhaben wollen, unter die Schuld und das Versagen unseres Lebens. Er lädt sich unsere Schuld auf. Er steigt hinab in unseren Tod. Er läßt sich hineinlegen in ein Grab.

Wenn man vor solch einem tief ausgehobenen Grab auf dem Friedhof steht, kann es einem schon unheimlich werden. Aber das dürfen wir wissen: Auch bis in diesen Ort der Verwesung ist Jesus hinabgestiegen, um unser Los zu teilen. Und dann die Osterbotschaft: Zu diesem gekreuzigten und gestorbenen Jesus hat Gott »Ja« gesagt. Und indem er zu Jesus »Ja« sagt, sagt er »Ja« zu uns.

Deshalb hat die Bibel dieses eine große Thema: Gott kommt so sehr herab zu uns auf unser Niveau, daß wir alle seiner habhaft werden können, daß wir ihn »haben«, geradezu anfassen können.

Sein »Ja« hat uns gerettet!

Und wenn dann von »Himmelfahrt« berichtet wird, so heißt das nicht: »Welt, ade«, sondern, so hat es ein Theologe einmal sehr schön formuliert: *»Jesus ist weggegangen in größere Nähe.«* Jesus ist zwar nicht mehr sichtbar, aber er ist jederzeit und überall ansprechbar. Wenn ich daheim bin oder unterwegs, wenn es mir wohlgeht oder ich eine schlaflose Nacht voller Schmerzen erleide, wenn ich hoch oben in einem Flugzeug oder tief unten im Bergwerk unter der Erde bin, wenn ich fröhlich oder in tiefer Trauer bin wie die Eltern von Norman, – es gibt keine Situation, in der Jesus nicht gegenwärtig wäre. Und stets möchte er mit uns reden. Das tut er durch die Bibel, durch sein Wort.

Wie kann man Jesus haben? Nichts einfacher als das. Wenn sich das Herz eines Menschen für Jesus öffnet, wenn er sagt: »Herr, hier bin ich – mit meinen Freuden und meinen Sorgen, mit allem, was in meinem Leben gelingt oder was mißraten ist, worin ich schuldig geworden bin. Ich breite auch meine Trauer und meine Enttäuschung vor dir aus, die Krankheit, an der ich leide, oder die Gesundheit, an der ich mich freue. Ich komme zu dir, Jesus, mit meiner ganzen Existenz, weil du dich für mich investiert hast, weil du heruntergekommen bist auf mein Niveau. Darum will ich ›ja‹ zu dir sagen.« – Unser Ja ist immer nur das zweite Wort, die Antwort. Denn das Ja-Wort Jesu ist längst zu uns gesprochen. »Wer den Sohn Gottes hat, hat das Leben!« Wir können Jesus haben. Er lädt uns ein, damit wir uns ihm anvertrauen.

Normans Vater hat an dem Sarg seines Sohnes gesagt: »Du hast mir den Weg gezeigt – im Leben wie im Sterben. Durch deinen Tod hast du mir den Weg zu Jesus Christus gezeigt. Du bist gestorben als Christ. Als du geboren wurdest, habe ich dich nicht taufen lassen. Aber du bist deinen Weg zu Gott allein gegangen. Du hast dich taufen lassen vor anderthalb Jahren. Durch deinen Tod habe ich wieder beten gelernt. Du hast mir deine Bibel gegeben. Mein Sohn, ich danke dir.«

Gottes ewiges Geheimnis

Bildbetrachtung zu einer Plastik von Tobias Michael, geb. 1952, Holz und Keramik, 173 x 110 cm, jetzt im »Johanneum« in Wuppertal.

»Wer diesen Schleier hebt, soll Wahrheit schauen ...«

Eine Ballade Friedrich Schillers erzählt von dem verschleierten Bild zu Sais in Ägypten. Ein wissensdurstiger junger Mensch und ein ergrauter Priester stehen davor. Der Priester bedeutet dem Fragenden, hinter dem leichten Gewebe dort verberge sich nichts Geringeres als die Wahrheit, die Wahrheit selbst, die Wahrheit geradezu in Person. Ob es ihn, den Priester, denn nie gelüstet habe, den Schleier zu heben, will der junge Mensch wissen. Nein, erwidert der Weise erschrocken, Frevel sei ein solcher Griff; die Wahrheit könne sich nur selbst enthüllen. Dennoch wagt der Jüngling zu nächtlicher Stunde das Verbotene. »Und was zeigte sich ihm hier?«, fragt der Leser neugierig. Doch der Dichter weist ihn ab: »Ich weiß es nicht«, und er erzählt die Geschichte des Wahrheitssuchers rasch zu Ende: »Besinnungslos und bleich, so fanden ihn am andern Tag die Priester.« Und: »Ihn riß ein tiefer Gram zum frühen Grabe.« Die göttliche Wahr-

heit, ist sie überhaupt für den Menschen da und der Mensch für sie?

»Und siehe der Vorhang im Tempel zerriß ...«

Das Allerheiligste im Tempel Israels, der Ort der Epiphanie Gottes, des wahren und lebendigen, war nachtdunkel, totenstill und – bis auf die Lade des Bundes – leer, ein für Gott ausgesparter Raum. Ein schwerer Vorhang verschloß ihn. Nur einmal im Jahr durfte der oberste Priester, zitternd auch er, diesen beiseite schieben, den Ort Gottes betreten und, Sühne suchend, den Gottesnamen flüstern »Jahwe«.

In der Sterbestunde Jesu aber, so berichten uns die drei ersten Evangelisten, sei eben dieser Vorhang zerrissen, nicht durch den Zugriff von Menschen, sondern durch Gottes eigene Hand »von obenan bis untenaus«. – Was mochte der erblicken, der jetzt in das geöffnete Heiligtum zu spähen wagte? Und wie mochte es dem Schauenden ergehen? Darüber schweigen die Evangelienberichte.

Gott selbst zeigt sein Gesicht!

Tobias Michael wagt mit seiner Plastik, einer seiner ersten Arbeiten, eine Antwort. Daß er sich zur Schar der Christen zählte, sich gar gegen den Wehrdienst sperrte, blockierte ihm in der damaligen DDR den Weg zur Kunstakademie. Denn nicht die Wahrheit war gefragt, sondern die »Linientreue«. Das Künstlertum brach sich dennoch Bahn. Ein Zwang lag auf ihm, das im Glauben Erfaßte zu gestalten, das Evangelium bildnerisch zu bezeugen. Der Elektromonteur betätigte sich als künstlerischer Autodidakt. Mag die Bewältigung des Stoffes noch vorläufig sein, mag manches noch dekorativ wirken, groß und gültig ist die eigentliche »Vision«, der unverfügbare »Einfall« von oben. Die »Wende«, die dem Künstler auch beruflich Befreiung und Neuanfang ermöglichte, wirkt in das Kunstwerk hinein. Der Fall der Mauer zwischen Ost und West, das Zerreißen des »eisernen Vorhangs« wird als auslösender Impuls spürbar: Steine geraten aus den Fugen, Mauern stürzen rechts wie links, ein Vorhang reißt und sinkt zu Boden. Aber das Erleben wird zum Gleichnis, es verweist auf Größeres. Ein letzter »Durchblick« öffnet sich: Gott selbst zeigt sein Gesicht! – Was sieht einer, der in Gottes Angesicht schaut, was erblickt jemand, dem widerfährt, was imAlten Bunde niemand vergönnt war? Was ist das wahre Bild Gottes? Kinderfrage und abgründigstes Geheimnis zugleich: Wie sieht Gott aus?

»Wer Jesus am Kreuze im Glauben erblickt«

Die alte tiefsinnige Legende von der Heiligen Veronika erzählt, das blutige Antlitz Jesu habe sich dem Schweißtuch unauslöschlich eingeprägt, mit dem eine mitleidvolle Frau das Haupt des göttlichen Dulders abtrocknete. Das Tiefsinnigste daran: Das Wort »Veronika« existierte nirgendwo als Personenname, es ist sprachlich nichts anderes als Wiedergabe von »vera icon«: das »wahre Bild«. Gottes Angesicht in den blutigen Zügen des leidenden Jesus wird zum Namen der Frau, d.h. zu ihrem eigentlichen Wesen, ihrer »Person«. Sie wird ganz wörtlich in sein Bild verwandelt. Christus ist ganz und gar »ihr Leben«.

In dieser Tradition der Veronikabilder (man denke nur an Dürers Christuskopf) steht, was Tobias Michael schuf. Nur wird das Angesicht Jesu hier nicht auf einem Tuch plakativ dargeboten, es wächst gleichsam aus dem Kreuze heraus: Das Kreuz ist der Gekreuzigte, das »Wort vom Kreuz« meint Ihn!

Wo sich das eine, das wahre »Bild zu Sais« selbst entschleiert, wo die Wahrheit in Person selbst hervortritt (»Ich bin's«), wo Gott höchstselbst den Tempelvorhang zerreißt, wo er das Allerheiligste, das absolut Unbetretbare öffnet mit der Einladung: »Kommt und seht!«, wo der lebendige Gott aus Dunkel, Schweigen, Leere endgültig heraustritt – als »Licht der Welt«, als »das Wort«, als »die Fülle« –, da tut er das im Angesicht Jesu Christi, des Gekreuzigten. Nur so, ganz exklusiv so, aber so ganz und gar, so für ewig gültig! Das Angesicht Jesu ist nicht »Abbild«, in dem sich die ewige Idee nur neu verhüllt, ist nicht Abglanz und Gleichnis: Hier ist wahrhaft Gott selbst, der Immanu-El, der Gott für und bei uns. Paulus spricht davon, daß der Geist Gottes die »Tiefen der Gottheit« (also Gott selbst und »an sich«) erforsche (1. Kor 2,10). Aber diese »Tiefenanalyse« vom Herzen Gottes bringt nichts anderes zu Tage als das, »was uns von Gott geschenkt ist« (1. Kor 2,12). Und das ist nichts und niemand anderes als der für uns gekreuzigte Jesus. »Wer

Jesus am Kreuze im Glauben erblickt« (so singt ein Erweckungslied), der sieht wahrhaft GOTT.

Nur der Glaube »blickt's«!

Eine Merkwürdigkeit fällt dem Betrachter des Bildwerks auf: Nicht nur der Vorhang zerreißt. Risse ziehen sich über das Ganze: Einschnitte im Vorhang, eine tief klaffende Wunde im Gesicht Jesu. Die Offenbarung Gottes im gekreuzigten Jesus – »Gottes Kraft« und »Gottes Weisheit« heißt Paulus sie – erscheint uns Menschen seltsam »rissig«, befremdlich, skandalös. Mehr soll an dem großen Wort GOTT nicht »dran« sein, mehr nicht »drin«, mehr nicht »dahinter« stecken, nichts Schöneres, nichts Höheres oder Tieferes, so gar keine imponierende Idee, so gar keine allgemein plausible Wahrheit? So gar nichts, was der Vernunft einleuchtet, das Gemüt stimmungsvoll ergötzt, den Sinnen schmeichelt? GOTT IN CHRISTUS – das soll alles sein?

Die Dornenkrone, um Jesu Haupt geschlungen, läßt beim Betrachten an beides denken: an Strahlen göttlicher Herrlichkeit, die hervorbrechen, die Doxa des Menschensohns zu bezeugen, und an spitze Stacheln, die verlezten können und abschrecken. »Gottes Weisheit« ist das Kreuz Jesu – und alberne Torheit allen, die ihre eigene Weisheit behaupten wollen (das Thema des 1. Korintherbriefs); »Gottes Gerechtigkeit« wird hier aufgerichtet, – ein Skandal denen, die auf der eigenen Gerechtigkeit fußen wollen (das Thema des Römerbriefs). »Wer Jesus am Kreuze im

Glauben erblickt ...« Das ist's: Nur der Glaube »blickt's«. Aber diesen Glauben wecken, das vermag wiederum nichts anderes als das »Wort vom Kreuz«, das Jesus-Evangelium selbst. Dieser Glaube steht anbetend vor dem Kreuz, dem Wunder göttlicher Selbsterniedrigung, dem Geheimnis der »Kondeszendenz« auf unser Niveau. Dieser Glaube ist selbst angefochten – im Blick auf das Leben des Glaubenden, im Blick auf die Gestalt der Gemeinde wie der Welt, angefochten auch angesichts rätselhafter Führungen Gottes. Aber in solcher Anfechtung weiß er wiederum nichts anderes, als auf das Kreuz zu schauen: »Ave crux, unica spes« (Gegrüßt sei das Kreuz, einzige Hoffnung).

»Dynamis«: Gottes Kraft in Aktion

»Dynamis« möchte der Künstler seine Arbeit nennen: Gottes Kraft in Aktion. Es ist das Angesicht Jesu selbst, das den Vorhang zerreißt und die Mauern zersprengt. Dieses Geschehen wird im Vollzug gezeigt. Offenbarung, die sich ereignet. Einmalig – in Raum und Zeit fixierbar – vor den Toren Jerusalems. Und dann die Zeiten übergreifend, sich selbst vollstrekkend und nachvollziehend im »Wort vom Kreuz«. Schließlich sich hineinzeichnend in das Leben des einzelnen. Der Vorhang im Tempel ist ein für allemal zerrissen; der Vorhang (die »Decke«) vor unseren Augen und Herzen muß das stets neu erfahren.

Das gilt also, und das allein bleibt: Gottes Angesicht leuchtet in Jesus Christus und will das unsere zum Reflektor adeln, uns durch- und erleuchten. Das gilt und bleibt: Gott selbst ist erschienen, die Tiefen der Gottheit sind aufgetan. Das ist »unser einziger Trost im Leben und im Sterben«. – Wißt ihr Christen sonst noch etwas zu sagen? Sonst nichts! Nichts, das nicht in dem einen Ton zusammenliefe »Schönster Herr Jesus«. Hier ist alles »verfaßt«, das ist von allem Summe und Inbegriff. Sonst wissen wir Christen nichts über Gott, Welt und Mensch, nichts über Rechtfertigung und Heiligung, nichts über Gemeindeaufbau und Charismen, nichts über Welträtsel und ihre Lösung, nichts über Glaubenserfahrung und Glaubensanfechtung, nichts über eine Hoffnung für uns selbst und das All. Nichts, das nicht hier im Kreuz Jesu ein- und aufgeschlossen wäre. Am Kreuz hängt *alles*, weil Gottes Liebe sich selbst daran hängte. Eine andere Theologie, eine andere Lebensphilosophie haben wir nicht zu bieten, nur diese »theologia crucis«. Das ist alles, und es ist alles darin.

Dann werden wir durchsichtig ...

Nie werde ich diese Nacht vergessen. Als junger Student mußte ich mehrere Monate im Krankenhaus liegen mit einer recht schweren Erkrankung.

Dabei erlebt man auch vieles mit anderen Patienten. In jener Nacht waren überall in den Krankenzimmern bereits die Lichter gelöscht. Ich war wohl auch schon eingeschlafen, da schreckte ich auf. Eine weibliche Stimme rief laut, verzweifelt durch die Nacht: »Rettung!« Am nächsten Morgen hörte ich, daß sie eine Herzinfarktpatientin war. Sie hatte um ihr Leben gebangt und nach Rettung geschrien.

Rettung – ist eine Art Stichwort. Und *Stich*wort bedeutet: Es versetzt uns einen Stich. Dieses Stichwort nennt der Apostel Paulus in seinem Brief an die Römer an einer Stelle (Röm 10,9-18) gleich dreimal: »Wer den Namen des Herrn anruft, soll gerettet werden.« Nicht wahr, wenn ein Ertrinkender »Hilfe« schreit, wenn einer bei einem Brand in einem Haus eingeschlossen ist und nach Rettung ruft, das leuchtet ein. Aber ist dieses Wort in unserem Alltag nicht fehl am Platz? Oder gehört es gerade hinein und wir haben uns das bisher nicht klar gemacht?!

Lassen Sie mich dazu vier Merksätze formulieren.

1. Wir müssen ins Gericht hinein

Vielleicht verdrängen wir diese Frage, aber das Wort Gottes sagt uns, daß wir einmal in das Gericht hineinmüssen. Wie ein roter Faden zieht es sich durch das Alte und Neue Testament, daß Gott Richter ist und wir uns einmal vor seinem Gericht verantworten müssen. Der Apostel Paulus sagt sogar: »Das gehört zu meinem Evangelium.« Es ist aber kein Drohwort, sondern ein Frohwort.

Sicher werden Sie protestieren: Was, wir müssen ins Gericht hinein? Und das soll Frohbotschaft sein? Evangelium?

Stellen wir uns einmal vor, das letzte Gericht würde ausfallen und Gott ginge in Pension. Stellen wir uns vor, es gäbe dieses letzte Gericht nicht. Dann könnten Menschen morden, Meineide schwören, in Ehen einbrechen, Banken ausrauben, Geiseln fesseln und erschießen, Frauen und Kinder foltern und vergewaltigen. Und wenn das so gemacht würde, daß man es nicht entdeckte, es bliebe alles ungestraft. – Ob es wünschenswert ist, wenn das Jüngste Gericht ausfällt?

Ja, einigen könnte das so passen! Etwa denen, die im Dritten Reich beschlossen, man solle ein ganzes Volk vergasen. Das könnte auch denen so passen, die heute in der Bundesrepublik Hunderttausende von Embryos abtreiben, und das nach unserem Gesetz völlig legal. Es könnte genauso denen passen, die jetzt in Thailand ein Geschäft mit dem Sextourismus machen. Da kann man hier die »Liebeserlebnisse« sozusagen schon mitbuchen. Und drüben werden junge

Mädchen ausgebeutet und erniedrigt. – Es könnte auch den Weißen so passen, die schwarzen Menschen für Wesen geringerer Klasse anzusehen, oder denen, die Christen foltern, weil sie den Namen Jesus anrufen und nicht Allah.

Es könnte vielen so passen, wenn das Jüngste Gericht ausfiele. Doch es gilt: Wir müssen ins Gericht hinein!

Gott ist kein Gedanke, mit dem man die Welt erklärt, wie: Irgendwer muß das Ganze doch gemacht haben! – Gott ist kein Gefühl für die Gemütspflege bei festlichen Stunden. Gott ist auch kein Automat, der unsere Wünsche erfüllt. Er ist der Herr und unser Schöpfer. Er hat einen Anspruch an uns: »Ich bin der Herr, dein Gott. Du sollst nicht ...«

Ein Verwandter erzählte mir kürzlich, er habe sich röntgen lassen. Auf dem einen Lungenflügel sei ein verdächtiger Fleck gewesen. Was wird beim nächsten Röntgen herauskommen, wenn man sich das Lungengewebe in Schichten vornimmt?

Beim Röntgen wird an den Tag gebracht, was wir vielleicht gar nicht sehen möchten. Ähnlich wird das beim Jüngsten Gericht sein. Da werden wir durchsichtig. Da stehen wir in Gottes »Röntgenlicht«. Da kommt unser Lebenslauf heraus, – nicht so, wie man ihn bei Bewerbungen schreibt, nein, dann sehen wir uns in den Augen Gottes. Deshalb das Stichwort: Rettung. Und dazu mein zweiter Merksatz:

2. Drum wollen wir »Herr Jesus« schrein

Natürlich ist der Name Jesus zunächst nur ein Name, wie jeder andere auch. Und doch ist er gleichzeitig der Name, in dem Gott alle Kraft und alles Heil gesammelt hat. Es gibt nur einen Namen, in dem Rettung ist für die Welt – Jesus!

Freunde berichteten vor einiger Zeit über die letzten Monate ihrer 80jährigen Tante. Jahrzehntelang hatte sie bezeugt, sie sei Christin. Als sie bettlägerig wurde, nahm eine ihrer Nichten sie zu sich, um sie bis zu ihrem Tode zu pflegen. Da geschah es immer wieder, daß sie mitten in der Nacht laut um Hilfe schrie. Wenn dann die Verwandten herbeieilten, sagte sie: »Der schwarze Mann war wieder da.« Als man nachforschte, kam etwas Eigenartiges heraus. Diese alte Dame war als Kind von Nachbarn mitgenommen worden zu einer »Besprecherin«. Man nennt diese Leute zwar auch »Gesundbeter«, doch da wird nicht etwa gebetet, es geht auch nicht um die Kraft Gottes, sondern um unheimliche dämonische Mächte. Zauberformeln werden benutzt. Damals hatte die finstere Macht ein Lasso um den Hals des Kindes geworfen. Und jetzt auf dem Sterbebett fing diese dunkle Macht an, die Schlinge zuzuziehen. Darum schrie die alte Frau immer wieder: »Der dunkle Mann kommt.« Daraufhin bat man einen Pfarrer und einige engagierte Christen, über dieser alten Frau zu beten und den Namen Jesus anzurufen. Seitdem war Schluß mit dem »dunklen Mann«!

Warum berichte ich das? Weil wir heute in Europa, aber auch in unserer Bundesrepublik einer Welle von

Okkultismus gegenüberstehen: Hellsehen, Kartenlegen, Besprechen, Pendeln, Horoskope und vieles andere. Nicht zu begreifen ist, daß auch gebildete, intellektuelle Leute, die stolz auf ihren kritischen Verstand sind, genauso wie andere zum Hellseher laufen. Doch das »Okkulte« ist nicht »Humbug«, wie man es gerne abtun möchte, sondern eine furchtbare Wirklichkeit, die unendlich viele Menschen in Verzweiflung, Angst und manchmal auch in den Tod stürzt.

Aber im Namen »Jesus« ist Kraft: »Wer den Namen des Herrn anrufen wird, der soll gerettet werden.« Ich liebe dieses Wort. Ich will es mitnehmen in die hellen und in die dunklen Tage und auch einmal in die Stunde, in der ich sterben muß. Und der dritte Merksatz:

3. Dazu hilft der Glaub' allein

Der Apostel Paulus sagt: »Wer von Herzen glaubt und mit dem Mund bekennt, wird gerettet.« Da könnte ja jemand sagen: »Wenn es nicht mehr ist als diese eine Vokabel – Jesus – die kann ich mir merken. Wenn's kritisch wird, benutze ich diesen Namen einfach – wie ein Amulett, wie eine Zauberformel. Da kann mir nichts mehr passieren!« Nein, so geht's nicht!

In der Apostelgeschichte gibt es eine prächtige Geschichte, drastisch, fast humoristisch. Da sind ein paar Männer, die miterlebt haben, wie der Apostel Paulus im Namen Jesu Kranke heilt, auch Besessene, von dunklen Mächten Umfangene. Und da behaupten sie kühn: »Wir sind zwar keine Christen, aber was der kann, können wir sicher auch.« Und so gehen sie auf einen Mann zu, der von dunklen Mächten gefangen ist, und sagen: »Im Namen des Christus, den der Paulus predigt, dunkler Geist fahre aus.«

Da kommt aus dem Munde dieses Besessenen: »Jesus kenne ich sehr gut, und wer Paulus ist, weiß ich auch. Aber wer seid ihr?« Und dann stürzt er sich auf diese Beschwörer und Heiler und prügelt sie jämmerlich zusammen.

So ist das. Jesus ist keine Zauberformel und kein Amulett. Man kann ihn nicht herbeizitieren, wenn es einem gerade Spaß macht. Nein, es heißt: »Wer mit dem Herzen glaubt und mit dem Munde bekennt, wird gerettet« (vgl. Röm 10,10).

Was heißt das, an Jesus glauben? Martin Luther hat es einmal so formuliert: »Daß man sagen kann: Jesus ist *»mein* Herr, der *mich* verlorenen und verdammten Menschen erlöst hat«. *Mein* Herr! Auf dieses besitzanzeigende Fürwort *»mein«* kommt es an.

Ja, wir müssen ins Gericht hinein. Stellen wir uns einmal vor, Sünde wäre so etwas wie Altmetall, Schrott. Wenn wir nun den ganzen Schrott unseres Lebens und den aller Menschen aller Zeiten zusammentragen könnten, – was gäbe das für einen gigantischen Berg.

Wenn dann jemand käme und schmölze diesen Berg von Schrott ein und gösse daraus eine Plastik, – wie würde die Gestalt, die aus nichts als Sünde besteht, wohl aussehen? Käme da die Fratze des Satans heraus?

Das Neue Testament sieht es anders. Paulus bezeugt: »Gott hat den, der keinen Kontakt zur Sünde hatte, für uns zur Sünde gemacht« (2. Kor 5,21). Der gekreuzigte Jesus ist vor Gott die Figur, die aus nichts als Sünde besteht. Jesus ist vor Gott der »Inbegriff« aller Sünde. Darum hat Gott ihn für uns gerichtet. Nun kann der Glaube sagen: Er »ist« meine Sünde. Meine Schuld liegt nicht mehr bei mir und auf meinem Gewissen, sondern bei diesem Jesus Christus. Er trägt die Strafe weg. Wer das glaubt, daß Jesus sein Retter ist, der ist errettet.

Deshalb ist Glaube Lebensgemeinschaft, Gesprächsgemeinschaft, Gebet, Dienstgemeinschaft, Gehorsam. Alles darf man mir nehmen, obwohl ich vieles gern festhalte. Doch diesen einen Namen – Jesus – muß man mir lassen.

Christen sind Menschen, für die Jesus konkurrenzlos wichtig ist. Nicht die Gesundheit zuerst und zuletzt, nicht das Bankkonto zuerst und zuletzt, sondern Er.

Wie ist es möglich, daß der Glaube schon 2000 Jahre lang besteht und immer wieder neu Leben schenkt? Ostern ist doch längst vorbei?! Dazu der vierte Merksatz:

4. Drum will das Wort beachtet sein

Der Apostel Paulus erklärt das, indem er eine Kette knüpft, die er rückwärts durch seine Hände gleiten läßt. Er stellt fest: »Wie kann man Jesus *anrufen*, wenn man nicht an ihn glaubt? Wie kann man an ihn *glauben*, wenn man nicht zuvor von ihm gehört hat? Wie kann man *hören*, wenn vorher nicht gepredigt worden ist? Wie kann *gepredigt* werden, wenn Jesus keine Boten *ausgesandt* hat?«

Kein Glied der Kette darf fehlen. Aber Gott hat diese Kette geschmiedet. Paulus stellt fest: »Jesus ist da! Für uns ist er gestorben und auferstanden, und er sendet seine Boten.« Seither gibt es diese Botschaft, seither haben wir das Buch, von dem wir sagen: »Hier ist Gottes Wort.«

Ein Freund von mir sagt gern bei einer Predigt: »*Jetzt* ist Ewigkeit.« Jetzt, wo der Name Jesus ausgesprochen ist, jetzt ist Ewigkeit. Die Predigt ist also nicht irgendeine erbauliche Veranstaltung, sondern er selbst, der Auferstandene, will gegenwärtig werden. Er zeigt uns seine Hände und sagt: »Seht, die sind durchbohrt von schweren Nägeln. Alles Böse, was Menschenhände je getan haben, wonach sie gierig griffen, all das, was sie einem anderen getan haben, selbst wenn sie ihn vielleicht erwürgten, – all das Böse habe ich erlitten. Die Strafe liegt bei mir.«

Und er zeigt uns seine durchbohrten Füße: »Alle bösen Wege, die Menschenfüße gegangen sind, – dafür habe ich bezahlt.«

Er zeigt auch auf seine Stirn, auf der die Dornenkrone ihre Spuren hinterlassen hat, und sagt: »Alles, was an bösen, sadistischen, dämonischen, teuflischen Gedanken dem Gehirn des Menschen entsprungen ist, – ich habe es getragen.«

Und er deutet auf seinen Mund, die Lippen geborsten von einem Fausthieb, und sagt: »Alles, was menschliche Mäuler gelogen, gelästert, geflucht, an Zoten und dummem Gerede ausgestoßen haben – alle Verleumdung – ich habe sie getragen.« Und dann zeigt er auf sein durchbohrtes Herz und sagt: »Mein ganzes Leben für dich!«

Soviel sind wir wert. Für jeden einzelnen von uns hat Christus sein Leben gegeben. Und wer es glaubt, hat es. Und wer es hat, der ist gerettet. Soviel sind wir Christus wert, daß er für uns nicht nur auferstanden ist, sondern uns in seine Auferstehung mit hineinziehen will. »Darum«, stellt Paulus fest, »sind wir Glieder an seinem Osterleib.« Jesus sagt: *»Jetzt ist Ewigkeit.* Fürchte dich nicht.« Über unser Leben stellt Jesus sein großes »Ja«. Und wir dürfen unser kleines »Ja« dazu sagen als Antwort. So geschieht »Rettung«.

hänssler

Klaus Vollmer

Der springende Punkt

Tb., 192 S.,
Nr. 170.632, ISBN 3-7751-1604-4

Geradezu fantastisch, welche Vorstellungen manche Menschen von Gott haben. Kein Wunder, daß daraus ein falsches Bild der Welt und des Menschen erwächst. Klaus Vollmer macht deutlich: Gott ist anders, und er sagt uns wie. Das ist der springende Punkt!